U0457126

国网石家庄供电公司
创新发展与管理实践

国网石家庄供电公司办公室　组编

中国电力出版社
CHINA ELECTRIC POWER PRESS

内 容 提 要

为适应国家能源绿色低碳转型、国资央企高质量发展等要求，满足日益增长的多元化电力需求，国网石家庄供电公司积极探索管理提升的有效途径。本书从务实管用的角度出发，收集整理企业治理的创新做法和应用成果，全书分为两部分，包括公司高质量发展和电网高质量发展。第一部分共 5 章，涵盖党建引领、企业文化、优化发展环境、提质增效、改革创新；第二部分共 3 章，涵盖坚强主网、高可靠配网、服务新能源发展。

本书内容全面、操作性强，既有典型案例展示，又有管理经验分析，适合市、县级供电企业专业管理和电网建设人员阅读和使用，也可为高校、研究机构提供参考。

图书在版编目（CIP）数据

国网石家庄供电公司创新发展与管理实践 ／ 国网石家庄供电公司办公室组编 . -- 北京：中国电力出版社，2024. 12. -- ISBN 978-7-5198-9527-3

Ⅰ . F426.61

中国国家版本馆 CIP 数据核字第 2025L94F16 号

出版发行：中国电力出版社
地　　址：北京市东城区北京站西街 19 号（邮政编码 100005）
网　　址：http://www.cepp.sgcc.com.cn
责任编辑：孙　芳（010-63412381）
责任校对：黄　蓓　王海南
装帧设计：赵姗姗
责任印制：吴　迪

印　　刷：三河市万龙印装有限公司
版　　次：2024 年 12 月第一版
印　　次：2024 年 12 月北京第一次印刷
开　　本：710 毫米 ×1000 毫米　16 开本
印　　张：11.5
字　　数：189 千字
印　　数：0001—2200 册
定　　价：80.00 元

版权专有　侵权必究

本书如有印装质量问题，我社营销中心负责退换

编委会

主 任	赵 宁 曾 军
副主任	马伟强 江贤康
委 员	田文树 王正平 陈 磊 张颖琦 吴献勇 何 瑞 黄海东
	王延伟

编写组

主 编	李佳琪 林晓乐 齐孟元
副主编	刘朋辉 程自强 陈 阳 王跃峰 于乙兵
参 编	戎士敏 徐 倩 王 聪 刘 涛 石碧薇 师浩琪 马 乐
	赵 杰 冯志昆 谷 超 李子钰 李 珊 李亚楠 李 佳
	赵 奇 武立峰 吴 蔚 李 昕 丁 诺 薛 松 刘春华
	石梓葱 睢 鹏 马会轻 白杨赞 曹 培 李至蕙 祁 丁
	彭树清 翟天月 齐 惠 冯俊国 董海山 黄玉龙 袁静媛
	赵 昆 张益辉 杨 潇 陈 亮 张 郁 孙 昊 施锦月
	石 磊 张庚涛 薛 宁 韩 力 余 玫 刘梦婕 高赫远
	田 广 李童飞 魏 坤 郭 捷 孙云岭 车 斌 武继龙
	强 毅 王赫男 杨 洋 焦 雷 陈昊天 胡 蕊 崔建美
	潘文震 彭丽虹 左 静 米 佳 李 晶 霍维光 甄 纲
	袁亚朋 赵 莹 王荟敬 杜 洁 徐 康 赵炜佳 石占晓
	刘 晶 黄朝晖 范跃华 杨博超 仇伟杰 李嘉恒 王晟涛

序

随着国资央企高质量发展、能源绿色低碳转型发展等战略部署落地实施，国网石家庄供电公司以建设一流现代化能源强企为目标，以管理体系革新为牵引，持续完善公司治理机制，优化电网发展模式，制定并实施配套专项工作方案，取得了一批优秀管理创新成果，为供电和电网高质量发展起到了重要的支撑和推动作用。

为了更好地应对高质量发展、能源转型、电力体制改革等形势任务，总结管理经验，展示治理成果，研究探讨推动地市级供电公司高质量发展的有效途径，提高企业现代化治理水平，石供收集、整理企业治理的管理创新成果，最终汇编成《国网石家庄供电公司创新发展与管理实践》，更好发挥典型管理经验的激励、带动和示范作用，有效提升供电企业管理和电网建设水平。

本书是由供电公司各专业管理人员亲自参与撰写，面向市县级供电企业

专业管理和电网建设人员。本书具有以下特点：一是内容全面。本书包含党建引领、企业文化、优化发展环境、提质增效、改革创新以及坚强主网、高可靠配网、服务新能源发展八章，涉及供电企业管理的方方面面，对各项工作开展起到全方位的指导作用。二是操作性强。本书从供电企业管理角度出发，细化明确专业管理中的流程、机制和要点，无论是管理背景还是实施路径，力求深入浅出，将复杂的概念简化为易于理解的语言，将专业管理流程化、标准化、制度化，便于吸收理解、推广应用。三是突出创新。本书围绕供电企业各项专业工作，坚持以创新完善管理机制、优化流程技术、强化过程管控，并通过例证展示石供好的经验和做法，具有很强的借鉴意义。

最后，感谢所有为本书付出辛勤劳动的编写人员。希望本书的出版，能够为电网企业高质量发展添砖加瓦！

编委会

2024 年 11 月

前　言

　　习近平总书记在党的二十大报告中强调，"高质量发展是全面建设社会主义现代化国家的首要任务。发展是党执政兴国的第一要务。"作为事关国计民生的公共服务企业，电网企业需牢牢把握国有企业"六个力量"的历史定位，找准在现代社会发展的功能定位。

　　作为驻石央企，石供一方面面临着经济下行压力增大、经济结构转型、投资能力不足等外部环境，另一方面又承担着深入推进各项改革、服务地方经济社会发展重要任务，实现高质量发展任重而道远。在此形势下，石供坚持"问题、目标、领先"三个导向，树立战略思维、工程思维，实施"133"

公司执行战略和"335"电网发展路径 ❶，推动石供高质量发展。

首先，开展顶层设计，明确一流现代化能源强企建设的"三个导向"，为企业转型升级发展提供明确指引。坚持问题导向，把发现问题、解决问题作为夯实基础、补齐短板的有力抓手，按照"先治标再治本、杜绝屡查屡犯"的整体思路，持续推动企业治理和管理能力升级；坚持目标导向，结合新形势、新任务、新要求，构建企业执行战略和电网发展路径，以建设"领先石供"为目标，制定三年"行动路径"，推动战略布局落地实践；坚持领先导向，抓好"思想作风争先"与"重点项目争先"的相融共促，主动担当、积极作为，在贯彻中央和上级决策部署落地落实中努力争做试点、示范。

其次，明确实践模式，树立战略思维和工程思维，设计执行战略体系。战略思维涉及长远目标和全局考量，强调的是方向性、全面性和未来发展。工程思维更注重实现具体项目或任务的有效完成，需要考虑高质量发展体现在哪些方面，"一流现代化"如何体现，"能源强企"的建设内容等。战略的组成是一项项目标，战略的实现要靠一个个目标的实现，"工程思维"就是通过"解决问题"实现目标，树立问题导向，建立问题库，运用求解思维，通过清单闭环加以解决。石供制定"执行战略"，就是制定的行动纲要和行动路线图，以当好国网公司、河北公司战略落地先行者、在各项工作争作表率为目标追求，坚持党建引领，打造"133"执行体系和"335"电网发展路径，聚焦领先文化、优化发展环境、提质增效、改革创新三个"一号工程"、坚强主网、可靠配网、新型电力系统建设领域，逐年制定实施专业工作方案，加快建设一流现代化能源强企。

最后，构建包含阶段目标、层级目标、维度目标的三层目标分解体系。明确以企业未来五年奋斗目标为总体目标，细化分解近三年年度阶段目标，将各年度发展目标分解为本部、专业、基层单位、职能层级目标。按照问题、目标、领先"三个导向"原则，将年度和层级目标划分为优化发展环境、提

---

❶ 以"领先石供"为发展方向，实施三个"一号工程"，开展三年计划，以建设"高智享"电网为目标，聚焦主网、配网、新型电力系统三个领域，做好五方面保障。

质增效、改革创新、电网发展四个维度，遵循"SMART"原则，进一步细化形成目标任务量化指标。

在战略执行体系中，进一步明确了公司和电网管理的工作着力点。根据着力点，制定实施具体工作方案，完善管理机制，优化管理流程，最终总结管理经验，编制形成《国网石家庄供电公司创新发展与管理实践》。

本书共分两大部分，包括公司高质量发展和电网高质量发展。其中，第一部分共5章，涵盖党建引领、企业文化、优化发展环境、提质增效、改革创新。第一章介绍公司党建如何融入工作、引领工作；第二章阐述如何通过领先文化激励员工；第三章讲解如何通过工作支撑，争取政府政策支持，营造良好发展环境；第四章论述如何推动公司发展从规模速度向质量效率转变；第五章讲解如何为高质量发展提供创新支撑。第二部分共3章，涵盖坚强主网、高可靠配网、服务新能源发展。第六章重点论述如何建设坚强主网；第七章阐述打造高可靠性配网的路径方法；第八章讲解在服务新能源发展上积累的工作经验。

通过三年实践，石供取得了一定成绩，积累了宝贵经验，希望能够为电网企业提升管理水平提供借鉴和参考。

限于编者水平和经验，书中如有疏漏、不足之处，恳请读者批评指正。

编　者

2024 年 11 月

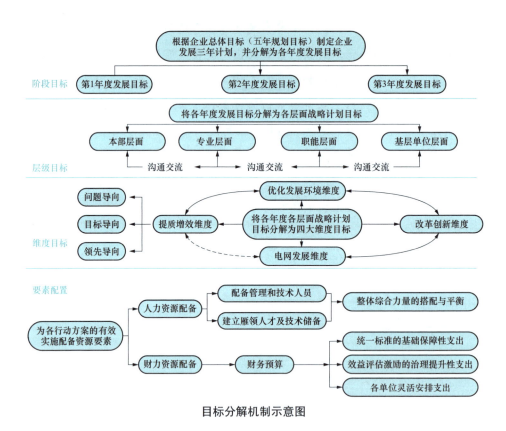

阶段目标

根据企业总体目标（五年规划目标）制定企业发展三年计划，并分解为各年度发展目标

第1年度发展目标　　第2年度发展目标　　第3年度发展目标

层级目标

将各年度发展目标分解为各层面战略计划目标

本部层面　　专业层面　　职能层面　　基层单位层面

沟通交流　　沟通交流　　沟通交流

维度目标

问题导向　　目标导向　　领先导向

提质增效维度

优化发展环境维度

将各年度各层面战略计划目标分解为四大维度目标

改革创新维度

电网发展维度

要素配置

为各行动方案的有效实施配备资源要素

人力资源配备

配备管理和技术人员

建立雁领人才及技术储备

整体综合力量的搭配与平衡

财力资源配备

财务预算

统一标准的基础保障性支出

效益评估激励的治理提升性支出

各单位灵活安排支出

目标分解机制示意图

目　录

第一篇　公司高质量发展

习近平总书记深刻指出"新时代新阶段的发展必须贯彻新发展理念，必须是高质量发展""国有企业是壮大国家综合实力、保障人民共同利益的重要力量，必须理直气壮做强做优做大，不断增强活力、影响力、抗风险能力，实现国有资产保值增值"。作为事关国计民生的公共服务企业，国有电网企业需牢牢把握国有企业"六个力量"的历史定位，找准在现代社会发展的功能定位。

面对内、外部新发展形势，石供坚持党建引领，打造"团结、实干、领先"企业文化，横向从专业和重点任务维度划分，确定优化发展环境、提质增效、改革创新三个"一号工程"，统筹解决石供发展的重点、难点问题。

石供以支撑国网公司和河北公司发展战略，推动战略执行落地为目标，坚持问题导向、目标导向和领先导向，细化专项工作方案，策划领先示范建设工程，构建战略执行"四个体系"（见图）。构建"分解执行"体系，从要素、执行、责任三个方面进行分层管理，构建战略落地的目标分解机制、组织管理机制和精益协同机制，推动战略执行在客体上目标清晰、主体上责任明确；构建"问题跟踪"体系，开展战略问题"三库"建设，包括持续找差的"方法库"、追本溯源的"问题库"和分类施策的"措施库"，推动管理问题从发现到改进跟踪的全流程管理；构建"管控督办"体系，针对重点工作和示范工程，完善督察督办机制，应用红蓝看板常态化推进问题整改，实施三级对标周期性跟踪改进情况，推动管理模式和方法的持续改进；构建"支撑保障"体系，从领先文化、人才赋能、数据平台、政策环境四个方面，构建从软性氛围到硬性条件的全维度支撑保障体系，为战略执行提供良好的实施和发展环境。

国网石家庄供电公司战略执行"四个体系"

问题导向	目标导向	领先导向

分解执行体系	问题跟踪体系	管控督办体系	支撑保障体系
· 目标分解机制 "要素分层" · 组织管理机制 "执行分层" · 精益协同机制 "责任分层"	· 持续找差 "方法库" · 追本溯源 "问题库" · 分类施策 "措施库"	· 督察督办 紧盯重点工作 · 问题整改 应用红蓝看板 · 持续改进 实施三级对标	· 文化保障 · 人才保障 · 数据保障 · 政策保障

战略执行"四个体系"构建

第一章　党建引领

一、红色基因

传承红色基因是国有企业的重要政治任务和独特政治优势，也是促进企业高质量发展的精神支柱和力量源泉。身处河北，"新中国从这里走来"，"两个务必"和"赶考"精神从革命圣地西柏坡诞生，我党历史上第一座红色电站"沕沕水水电站"曾为党中央驻地提供电力保障，1950年毛主席为石家庄电业局干部员工亲笔回信，这些都成为河北电力人的宝贵精神财富。河北公司充分利用独有的红色资源优势，坚持党的领导、加强党的建设，以传承红色基因熔铸"中国特色"，彰显政治本色和战略底色。

"为有牺牲多壮志，敢教日月换新天。" 70多年前，在新中国成立前夕、在中国人民革命事业即将取得伟大胜利的关键节点、在国家和民族命运面临重大转折的重要时刻，党的七届二中全会在西柏坡召开，毛泽东同志掷地有声地提出："我们不但善于破坏一个旧世界，我们还将善于建设一个新世界。" 1949年3月23日，党中央离开西柏坡前往北京，开启了"进京赶考"的伟大征程。

70多年来，中国共产党人秉承西柏坡精神、牢记"赶考"使命，不忘初心、接续奋斗，永葆本色、继续前进，党和国家事业取得了历史性成就、发生了历史性变革。党的十八大以来，习近平总书记多次强调"考试还没有结束"，"今天，我们党团结带领人民所做的一切工作，就是这场考试的继续"。

站在新时代的历史方位，要牢记总书记的嘱托，不断提高政治站位，坚持用习近平新时代中国特色社会主义思想武装头脑，坚守为民情怀，强化责任担当，以永不懈怠的精神状态和一往无前的奋斗姿态，走好新时代"赶考"路。

二、党建工作要点

习近平总书记强调，高质量发展不仅仅是指经济领域，还包括党和国家事业发展的其他各个领域。"提高党的建设质量"是高质量发展的重要内容和先决条件，也是公司打造"赶考夺魁"党建品牌的工作主线。石供坚持以习近平新时代中国特色社会主义思想为指导，牢牢把握"提高党的建设质量"的要求，聚焦国家电网战略目标，深入落实河北公司"赶考争先"主题实践，在弘扬新时代"赶考"精神、承接河北公司党建"赶考"品牌的基础上，大力塑造"赶考夺魁"党建品牌，以"高质量党建引领保障公司高质量发展"为党建"夺魁"目标，在建设具有中国特色国际领先能源互联网企业的新时代"赶考"征程中，努力考出优异成绩。

（一）目标思路

党建品牌是"旗"，党建高质量是"路"。坚持顶层设计与基层实践相结合，找准党建品牌建设与党建高质量工作的结合点，深入实施党建"专业化、高质量、强引领"三步走战略，全面推进"赶考夺魁"品牌建设。

为解决基层供电企业一直存在着基层基础管理薄弱、党建部门供给侧能力不足、党建与业务工作结合不紧、党组织和党员作用发挥不突出等问题，统筹党建工作系统性、长期性和阶段性任务，围绕"党委班子、党建部门、党支部、共产党员服务队、基层班组党建、党员群众队伍建设"六个层面的责任主体，全面开展党建特色实践，进一步明确方法路径，统筹协同，持之以恒，久久为功，以党建专业化推动党建高质量发展，以高质量党建为公司高质量发展助力赋能，擦亮"赶考夺魁"党建品牌。

（二）实施路径

1. 加强党委班子建设，发挥领导作用

公司党委班子是企业的领导集体，发挥把方向、管大局、促落实的重要作用。石供将党委委员"管业务必须管党建"作为硬性任务，不断创新党委委员履职尽责的实践载体。强化党委班子政治思想建设，建立落实"第一议题"制度，把对党忠诚、为党工作作为最基本的政治责任，保证党的工作与专业工作同步开展，推动党的主张和重大决策转化为企业实际行动。压实党委委员责任分工，创新"党委委员复合式分工"，细化党委委员在管党治党、联系片区、重点项目、党风廉政等方面责任，党政双轮驱动，在"双向进入"的基础上更加紧密地融为一体。做实党委委员党建联系点工作，将党建联系点延伸到基层班组站所，围绕党的建设、重点任务、关键指标、正风肃纪等工作开展基层调研，身入基层、心入群众，着力推动解决一批关乎企业发展、关系群众利益的实际问题，为党委运行更规范、管理更严细、服务更深入、履责更到位提供支撑保障。

2. 加强党建部门建设，提升管服能力

石供加强党建部门的专业化供给侧管理，从顶层设计入手，梳理党建专业工作清单、责任清单，建立开展党务日常工作的各类模板、样板，聚焦基层党建实际需求和基层党务人员诉求，搭建"中央厨房"管理模式，用好党

建信息系统、"AI 党建助手"和《石供先锋日报》等载体，定期下发政治学习内容、党务教学资料，不断丰富平台化、信息化、价值化工作手段，搭建党建专业学习交流的平台。从能力提升着力，开展"党务人员素质提升行动"，定期组织培训班、拓展班开展党建专业的内部交流学习，互通有无、取长补短、相互促进，促进党建部门业务能力和员工个人素质提升。通过信息系统强化对基层党建工作的日常监督和管控，健全工作例会、质量管控、对标横评、问题整改等工作机制，科学修订党建绩效考核评价指标，加强日常工作的预警提醒和工作督导，用好绩效考评"指挥棒"，实现管理与服务有机结合，进一步促进基层党建提质增效。

3. 加强党支部建设，夯实基层组织

党支部是党在基层组织中的战斗堡垒，是党的全部工作和战斗力的基础。石供坚持"四同步、四对接"，紧跟企业改革发展步伐，健全基层组织，优化组织设置，理顺隶属关系，围绕抗击疫情、电网建设、重大保电等成立临时党组织，在组织建设、组织生活、党员管理、信息台账、阵地建设等方面全面统一标准，工作实施量化计划，实现党的组织、党的工作全覆盖。坚持把高质量完成生产经营中心任务作为打造战斗堡垒的重要标尺，突出党建对专业工作的价值化导向，聚焦自身专业和工作特点，开展"党建课题研究"等特色实践，积极培育打造"一支部一特色"，发挥典型引领作用，开展联建帮扶、评比交流，促进先锋党支部由个体到群体的不断涌现。坚持抓好党支部书记这个"关键少数"队伍，创新打造"支部书记专家团"，围绕生产经营工作的重点、热点和难点，组织成立 8 个"书记专家团"，签订目标责任状，以"揭榜领题"的形式组织课题调研、专题培训、联合攻关，以客观的业绩指标、工作质量和组织评价，检验专家团的工作成效，推动基层党建在具体实践中提升价值创造。

4. 加强班组党建工作，强化末端融合

班组站所是企业最小的"细胞"，同时也是公司党建品牌建设的末端执行单元。石供发扬"支部建在连上"的光荣传统，探索在重点一线班组单独设立党支部。发挥支部党员少、易集中、专业接近、团队凝聚力强等优势，及时集中开展党内政治生活，确保党组织的决策部署、各项任务都能够及时传达落实到每个党员，支部的工作效率更高，学习力、执行力更强，并且能够有效将党的建设与生产经营服务、与基层班组建设融为一体，发挥班组效能，带动班组核心业务提升。结合班组工作特点，搭建党员作用发挥的实践载体，

广泛开展"师带徒""一帮多"活动，党员群众结对授课、互助谈心，党员带群众，形成战斗团队，凝聚党群队伍合力。依托班组党支部设置共产党员服务队，将服务队工作纳入党支部中心工作，制定标准化服务"菜单"，建立便民服务台账，推广"电管家"模式，实行"清单式"管理，发挥属地化、网格化工作优势，不断提高供给侧服务质量，将管理的末端转变为服务的前哨，打通党的建设和为民服务的"最后100米"。

5. 加强共产党员服务队建设，打造优秀队伍

牢牢把握"习近平总书记对国网四川电力共产党员服务队作出重要指示10周年"这一重要政治时点，石供全面启动"共产党员服务队高质量发展三年行动计划"，明确属地型、项目型、专业型的"三型"队伍建制标准，做好服务队量化计划管理，固化积分、评比、共建等机制，进一步实现服务队工作的常态化、规范化。全面贯彻服务队"四统一"要求，高质量打造服务队活动阵地，结合每支队伍的专业特点、队伍特点、队员特点，创新精品服务、特色服务项目，在标准化的基础上形成"一队伍一特色"，促进服务队活动的标准化、制度化。"属地型服务队"发挥网格化末端管理优势，下沉服务队建制，在居委会、小区物业等设置"服务站"和"服务点"，"队、站、点"三级联动，推动为民服务向纵深发展；"项目型服务队"聚焦重点工程、重大项目，开展攻关攻坚，让服务队做"难项目"，出"好成绩"；"专业型服务队"将服务标准融入专业要求，在"双碳"落地、综合能源、优化营商、城区配网提升等方面开展服务队特色实践，以服务队高质量建设带动专业工作全面提升。

6. 加强党群队伍建设，凝聚团队合力

队伍建设是党的建设的根本。实现质量强党，打造党建品牌，离不开一支"四讲四有"的合格党员队伍，同样也需要一支永远跟党走的群众队伍。石供着力锻造党员先锋队，围绕"四讲四有"标准，落实"三亮三比"要求，深化党员先锋示范行动，选出不同层面的党员责任区和示范岗的"样板"，在具体工作中给他们加责任、压担子、给支持，发挥党员特长，加强自我管理，充分调动工作积极性、创造性、带动性，在推动公司改革发展中走在前、干在先、作表率。坚持党建带团建，突出抓好对青年骨干的全面培育，深入开展"青马工程"建设，在青年"号手岗队""推优入党""青创活动"等方面给予大力支持，重点针对青年党员骨干做好"两培养一输送"工作，引导青年向党员看齐，向先进学习，为石供可持续发展积蓄未来力量。架起党群连

心桥，充分发挥党联系群众的工作优势，开展全覆盖式党组织书记谈心谈话，准确把握员工思想脉搏，了解职工诉求，并与"为群众办实事"活动紧密结合，从解决思想问题延伸到解决实际问题，一大批办实事项目落实落地，得到职工群众普遍认可和欢迎，党组织凝聚力、党员队伍战斗力、职工群众向心力显著提升。

（三）工作成效

以"赶考夺魁"品牌建设为统领，以党建"专业化、高质量、强引领"为路径，着眼于质量强党工作要求，石供将党建工作目标、责任、价值贯穿于企业发展全过程，进一步将党建优势转化为公司创新优势、竞争优势、发展优势，为推进"133"公司执行战略和"335"电网发展路径落地见效提供坚强保证。

政治思想更加坚定。把习近平新时代中国特色社会主义思想作为一切工作根本指引，把对党忠诚、为党工作作为最基本的政治责任，充分发挥"第一议题"作用，压实各级党员干部管党治党责任，更好地运用思想武器解决各种难题，推动党的主张和重大决策转化为实际行动，坚定坚决完成好落实中央决策部署"最后一公里"任务，当好践行"六个力量"的政治标杆。

责任体系更加完备。牢牢把握新时代党的建设总要求和组织路线，党的组织和工作实现全面有效覆盖，持续丰富完善党建责任和考评体系，各级党组织层层传导责任压力，发挥激励导向作用，党建工作重点更加突出，责任更加清晰，过程更加严谨，基层工作开展更具计划性、规范性，对标更高标准、更好水平，保证最优的党建工作质量，进一步提升党建整体工作质效。

"三基"工作更加夯实。织密建强党的基层组织，进一步加强基层、基础和基本功建设，落实各级党组织党建工作的标准规范，梳理清单、建立模板、确立样板，用好"国网党建信息系统"，用活"AI党建助手"，搭建党建专业交流学习的平台。利用信息手段，对专业工作实施量化计划管理，强化对日常工作的监督和管控，各级党委和党支部的规范化、标准化、现代化建设水平不断提升。

引领发展更加有力。坚持把党的建设作为解决问题的方法、凝聚人心的手段、引领争先的动力，创新"党委委员复合式分工"，搭建专业化供给侧"管服平台"，组建"书记专家团"开展课题实践，打造群众身边的党员服务站（点），创新"党支部建在班组上"，建立一批党员责任区和示范岗"样板"，抓好党员"双培养一输送"工作，进一步把党的领导、党的建设融入公司治理各环节，贯穿于公司改革发展全过程，党建与业务同频共振、相融共促，为高质量党建推动公司高质量发展作出积极有益的探索。

近年来，石供党建品牌建设经验先后在《党建》《中直党建》《人民日报党建参阅》等重要媒体平台刊发。2019年，"赶考夺魁"品牌建设项目获全国企业文化优秀成果一等奖。2020年，荣获全国电力行业党建品牌影响力企业。在党建品牌引领推动下，2021年石供一大批基层先进典型呈集群式涌现：国网正定县供电公司历史性获得全国先进基层党组织荣誉，6个集体和员工个人分获省级先进荣誉，54个集体和员工个人获市级及以上表彰，获得荣誉的级别、数量，均创下历史新高。2022年市委宣传部牵头组织公司与媒体开展"电力看发展，喜迎二十大"系列宣传，在"学习强国"发布党建经验12篇，《党建品牌案例集》正式出版，1个项目被评为国网公司年度优秀社会责任根植项目。2023年，率先实现市、县、所三级党建责任全覆盖，典型案例获全国企业党建创新优秀案例。开展"支部建在班站所"创新实践，11个党支部获评河北公司"标杆党支部"。打造"正"好办，满电陆港，"小网格、大民情"等精品服务项目。

第二章 企业文化

习近平总书记指出："文化是一个国家、一个民族的灵魂"，之于企业，文化是根，是灵魂，是凝聚力和创造力的源头，是基业长青的源动力，是企业在经营管理活动中形成的具有本企业特色的价值理念、经营理念、思维模式，以及共同信念和员工行为规范的总和。石供立足新发展理念，始终以建设"具有中国特色国际领先的能源互联网企业"的战略目标为行动指引，强化领先意识，不断激励员工成长成才，推动企业实现高质量发展。

一、目标思路

石供坚持把"领先、团结、实干"的文化从过去延伸到未来，领先是不变的目标，是"彼岸"，团结实干是实现的路径，是"桥和船"，只有始终瞄准锚定领先目标，结合形势任务变化，与时俱进，改进丰富团结实干的抓手、载体、工具箱，才能年年交出优异答卷。以团结为基。坚持全心全意依靠职工办企业，充分调动全员的积极性、主动性和创造性，凝聚最大干事力量，形成最强战斗堡垒，以我们面前没困难、困难面前有我们的胆识气魄，不断战胜重重挑战，推动事业蓬勃发展。以实干为要。既要敢于担当、敢于斗争、敢于奉献、埋头苦干，又要增强想干事、能干事、干成事的本领，提升快速适应新型能源体系、数字化转型升级等各种新形势、新任务、新要求的素质能力，巧干、快干、创新干，制定时间表，排定任务单，坚定不移履职尽责，脚踏实地真抓实干，以"钉钉子"精神推进各项工作落地落实。以领先为荣。增强全体员工争先领先的思想自觉和行动自觉，在单位、专业、班组、个人各个层面激发领先动能，营造、争创领先氛围，在"试验田""无人区"中创造先发优势，不断增强企业核心竞争力和综合实力，实现石供发展从局部领先到全要素领先的跃升，实现从硬实力领先向软硬实力全面领先的跃升。

领先：共同前进过程中走在最前面。石供立足省会公司和国网公司大供的工作定位，落实"一个定位、五个表率"的工作要求，全面增强广大员工争先领先的思想自觉和行动自觉，充分发挥干事创业的积极性、主动性、创造性。在公司各部门、各单位中形成"比、学、赶、超"的浓厚氛围，推动公司各项工作走在国网公司系统大供前列、保持河北公司第一梯队，做战略落地的表率，做服务大局的表率，作高质量发展的表率，做创新驱动的表率，做赶考争先的表率，最终实现工作业绩领先、人才队伍领先、治理能力领先，企业、员工、客户和社会的多方共赢。

团结：团结是成功的基石，团结就是力量。20 世纪 40 年代，在抗战烽火中的河北省石家庄平山县北庄村诞生了《团结就是力量》，号召广大贫苦农民团结起来争取属于自己的权利，团结一致抗击敌人，从此团结便在石家庄人民心中扎下了根。1950 年 9 月，毛泽东主席亲笔回信石家庄电业局，信上写道"团结一致，努力工作，为完成国家的任务和改善自己的生活而奋斗"，毛泽东主席的回信对电力职工产生了巨大的精神鼓舞，成为公司战胜困难、夺取胜利的精神支柱，渐渐地团结成为石供广大职工努力奋斗、拼搏进取的优良传统和宝贵的精神财富。

实干：征途漫漫，惟有奋斗。党的十八大以来，习近平总书记在讲话中多次提倡"实干精神"，并提出"幸福是奋斗出来的""撸起袖子加油干"，勉励全国各族人民发扬"为民服务孺子牛、创新发展拓荒牛、艰苦奋斗老黄牛"精神等重要指示。石家庄是一座火车拉来的城市，正是一代一代石家庄人民开拓创新、务实奋斗，才成就了石家庄人今天的幸福生活，因此务实的干事创业精神也是石家庄这座城市历久弥新的宝贵经验。"实干"是企业改革发展、奋勇争先的土壤，一直以来石供取得的辉煌成就是一代代电力人接续奋斗缔造的成果，在"十四五"开局之年，中国共产党百年华诞之际，要继续砥砺"三牛精神"，将"人民电业为人民"记在心中、把"为美好生活充电　为美丽中国赋能"扛在肩上，脚踏实地、艰苦奋斗、苦干实干，才能将国网公司建成具有中国特色国际领先的能源互联网企业。

二、实施路径

构建以价值理念为中心，以制度机制体系、行为养成体系、荣誉激励体系、信息传播体系为支撑的"1+4"领先文化建设实践模式（见图 2-1），引导员工把领先的价值导向融入企业规章制度、融入生产生活，使之成为员工自觉践行的工作规范和行为准则。

1. 形成企业文化理念

发挥价值理念指挥棒作用，明确石供的基本理念和信仰，形成领先文化的成果标准，为企业发展和员工成长明确目标。

领先理念整合提炼。开展领先文化基层调研、座谈交流和研究讨论活动，

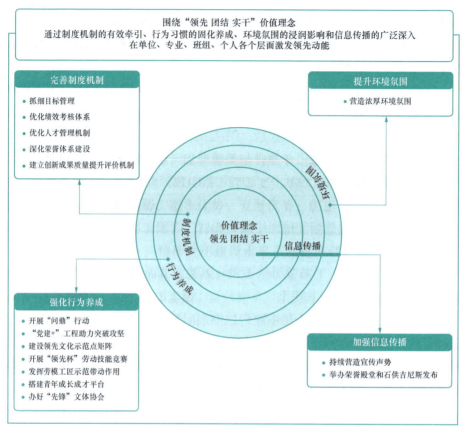

图 2-1 "1+4"领先文化建设实践模式

组织进行调研结果分析、成果整合提炼，形成符合石供发展实际和员工广泛认同的领先文化价值理念。坚持目标导向，根据各专业特点设立 65 项领先目标值，力争在"十四五"期间，实现在河北公司、华北分部大供方阵领先，在国网大供中各项指标不断提升。

推动理念宣贯认同。开展领先文化宣贯周活动，线上线下同步开展理念宣贯。通过石供微信公众号开展"领先文化大讲堂、领先文化大家谈"活动，拓宽宣贯渠道；发放"领先石供"宣传手册、文创产品，利用班前会、三会一课等形式进一步对理念宣贯解读；开展"领先石供 logo"征集选拔活动，共征集 70 余幅设计作品。多种形式促使领先文化在基层单位落地实践，促进石供上下形成共同的思想认识和一致的价值取向。

2.建立制度机制体系

强化制度机制对领先文化建设的保障作用，注重绩效考核、选人用人、评优评先和试点先行的导向作用，进一步强化党建部门抓文化管理，业务部门抓文化承载，各单位党组织抓文化宣贯实践，全员共建领先文化的工作体系，提升领先文化的穿透力，深入根植落地。

体现绩效考核导向。体现领先导向的业绩考核，发挥绩效考核"指挥棒"作用，优化完善公司绩效考核评价体系，加大对目标值完成与否的绩效奖罚力度，加强过程管控和奖励兑现，充分体现领先的价值导向，推进领先文化在各业务领域、专业条线全面落地深植。加强领先文化建设考核评价，将领先文化建设工作纳入公司党建业绩考核体系中，月度公布积分排名情况，量化领先文件建设情况，并作为党组织书记抓党建述职评议的重要考量，切实推动领先文化建设的落地见效。

注重成长成才导向。建立体现领先导向的选人用人机制，用好《创新工作提升实施方案》《"雁领"创新人才工程三年行动纲要》和《人才服务之家管理办法》三项激励制度，通关选拔评比，纳入公司"准领头雁"和"准雏雁"人才队伍，并进行管理。对入选"雁领"创新团队的员工，每月兑现进行奖金奖励。

突出荣誉激励导向。在年度重点任务、重要指标完成情况中表现突出的个人和集体，享受各级各类评选条款免评待遇，优先安排疗休养，参加进修学习、考察交流，营造"比学赶超"的浓厚氛围，激励员工不断追求能力素质全方位提升，起到"表彰一个，影响一片"的带动作用，实现公司价值和个人价值同向同增。打造示范高地，加强领先文化的项目化管理，选取基层试点，用好书记专家团，开展课题研究，分层分级打造领先文化落地落实示范项目、示范点，及时把实践经验上升为经验成果，进一步提升领先文化建设制度化、规范化水平。

3. 建立行为养成体系

丰富文化实践载体，加强员工行为管理，引导员工行为养成，将领先文化理念内化于心、外化于行。

建立班组愿景和岗位行为信条。发挥员工自主性和创造性，将领先文化理念融入日常业务行为和管理行为，进一步引导员工将文化认知、文化养成和文化实践紧密结合起来，形成时时、处处、事事领先的思想共识和行动自觉，使领先文化理念更接地气、更有渗透力、更有生命力。

开展问鼎行动。瞄准石供"一个定位，五个表率"的工作要求，坚持目标导向，根据领先文化目标体系和公司年度的重点任务，在生产、营销、建设等专业设立"专业鼎",开展问鼎行动,加强专业管理、过程管控和节点考核,坚定业绩考核第一的目标不动摇,确保专业问鼎成功。

组织各类技能竞赛。 积极组织、参与各级各类技能竞赛、技术攻关、岗位练兵各种形式的竞赛17项,以竞技比赛为抓手,引导广大员工学习新技术、掌握新技能、取得新突破、争创新业绩,在员工中形成创先争优、干事创业的浓厚氛围,调动攀高峰、勇争先、夺红旗的工作热情。

开展群众性竞技活动。 以"强健体、攀高峰,我与公司同精彩"为主题组织开展系列登山、赛龙舟、羽毛球等各类比赛,共计千余人参与活动,极大地激发员工团队意识、实干意识和争先意识,以更加健康的体魄、更加饱满的精神投入工作、干事创业、奋勇争先。

4. 打造荣誉激励体系

搭建先进典型库,设立公司吉尼斯、荣誉殿堂等实践载体,将领先文化价值理念形象化、故事化、人格化,形成员工广泛的共识认知,不断鞭策荣誉获得者保持和发扬成绩的力量,同时对身边人产生感召力,激发比学赶超的动力,促进员工成长成才。

设立"荣誉殿堂"。 在职工文化活动中心和内网网站建设"实体＋网络"的荣誉殿堂,将荣誉殿堂打造成为领先文化的荣誉高地和员工思想教育的精神家园,举办"荣誉殿堂发布会",分享荣誉背后的故事,汇聚争先奋斗的合力。通过正向积极、催人奋进的荣誉表彰仪式,让优秀的组织和个人获得更大的荣誉感,激发责任感,让个体性"一支先秀"的榜样引领出群体性"百花齐放"的奋进。

设立"石供吉尼斯纪录"。 在荣誉殿堂中开辟"石供吉尼斯榜单",按专业设立"安全生产类""电网建设类""经营质效类""优质服务类""突破创新类""争先夺旗类""石供百科类"七个专项"吉尼斯",鼓励个人和集体不断"挑战自我、激发潜能"。

建立先进典型库。 充分挖掘各级各类先进典型群体和个人典型,建立先进典型人才库,准确把握各类典型的闪光点,掌握先进典型的资源情况。同时注重在急难险重任务中挖掘典型,把工作较为突出的集体或个人选出为典型,及时纳入并充实人才库,确保选出的先进典型,既有代表性、先进性,又有现实性、可学性,真正把那些事迹突出、影响广泛、德才兼备、员工公认的典型树立起来。切实发挥先进典型的航标导向作用,激励和引导员工立足本职、奋发向上;发挥先进典型的"鲶鱼效应"作用,打破企业员工安于现状的心态，使他们通过先进典型这面镜子，找不足、提素质，形成后进争先进、先进更先进的浓厚氛围，并将先进典型库打造成为员工岗位晋升、成长成才的摇篮。

5. 建立信息传播体系

提升领先文化的穿透力和影响力，建立贯穿价值理念、制度机制、行为养成和氛围营造全过程的信息传播体系，实施分层分众宣贯策略，针对各类群体的不同需求，制定差异化传播模式，推动实现全员、全方位、全领域覆盖。

专业工作和领先文化建设双管齐下。将领先文化建设与专业工作同部署、同落实，将领先的目标体系融入专业工作，工作谋划中，引入领先的目标要求，制定专业年度工作推进表，向着既定目标稳步推进；工作执行中，落实领先的行动，月度召开领先文化领导小组汇报会，全方位推动领先文化贯彻落实。

讲好"文化故事"。挖掘荣誉殿堂、问鼎行动、石供吉尼斯等背后彰显领先、团结、实干的故事，组织先锋故事会、荣誉殿堂发布等多种形式的宣讲活动（见图 2-2），邀请荣誉团队分享他们众志成城、团结一致的团结故事，邀请劳模、工匠讲述自己脚踏实地、苦干实干的感人故事，用身边的人讲述"小人物、大众化、正能量"的文化故事，将领先文化的核心用人格承载、用故事诠释，通过讲好领先故事，来教育、感染员工。

图 2-2 举办荣誉殿堂发布会

构建宣传矩阵。利用展板展牌、文化阵地，依托公司门户网站、官方"两微一抖"等媒介载体，以图文、海报、视频等多种展现手段，广泛开展专题培训、宣讲辅导、网上课堂等多种形式的企业文化宣贯传播，为领先文化建设营造良好宣传氛围。

三、工作成效

石供以领先文化为引领，以荣誉激励为抓手，紧密围绕改革发展各项任务，大力实施"1+4"文化实践体系，打牢文化基础，进一步将企业文化工作优势转化为公司创新优势、竞争优势、发展优势，彰显了"六个力量"的重要作用。在领先文化的引领下，石供全体干部职工锐意进取，乘风破浪，职工的精神面貌蓬勃向上，精神文明建设水平不断提升，职工文化繁荣发展。通过各项领先实践活动的扎实锤炼，广大员工锻炼了主动作为、务期必成、事争一流的劲头，实现众多突破。2021年，首获河北省政府质量奖、"中国安装工程优质奖"等奖项，在国际质量管理小组大会上荣获最高"铂金奖"，实现国际奖项"零"突破，在全国电力职工技术创新成果大赛获一、二等奖，在全国"振兴杯"青年职业技能大赛荣获二等奖。2022年，正定公司喜获全国先进基层党组织，石供共产党员服务队荣获全国学雷锋最佳志愿服务组织。石供荣获全国企业文化优秀成果一等奖、国网公司先进集体、管理提升标杆企业和"青创赛"一等奖等荣誉称号。2名员工获全国"五一劳动奖章"，1名员工获得"中国好人"，1名员工获国网公司"十佳服务之星"称号，在河北公司全年4项竞赛调考中获3项团体、个人"双第一"，成绩持续保持首位。2023年，2人获全国青年岗位能手，1人获国网公司"五四青年奖章"，1人获得"河北省青年岗位能手"，20余个青年集体、60余名青年个人获河北省、河北公司表彰，在全国运维技能、职工职业技能、网络安全等大赛上连创佳绩，荣获全国五一劳动奖状、全国和谐劳动关系创建示范企业等重大荣誉。

第三章　优化发展环境

政策环境是企业发展的重要保障，外部环境的优劣决定企业能否长久良好运转。攻坚优化发展环境，主线是抓好政策争取，要按照最困难、最需要、最迫切原则，主动对接政府部门，争取政策支持。重点是做好优质服务，从"职能型"向"流程型"转化，构建以客户为中心的规划、建设、生产、运行、营销全过程流程体系，建立健全服务组织架构，提升优质服务水平。为此，石供制定了争取政策支持、"阳光办电"、"零投诉"示范区建设、加强电力需求侧管理工作方案，通过工作支撑、优质服务，争创更好的发展环境。

一、积极争取政策支持

（一）目标思路

立足央企定位，在"电网规划、电网建设、电网安全、营销服务、业务拓展、科技创新"六方面23项政策争取任务上实现突破，推进政企合作水平再上新台阶。对外主动服务政府需求，参与政府有关决策，找准发展合作共赢点，做到让客户满意、政府信任、社会认可；对内坚持示范引领、市县协同、重点突破，精准发力，完善政策争取工作机制，打造目标责任清晰、领导带头示范、部门积极推进、进度及时展示、考核激励有效的工作局面。力争在河北公司范围内政策争取数量最多、资金总额最大、政策影响范围最广，营造政企共赢的良好氛围，推动年度重点工作任务按期完成。

（二）实施路径

石供以全局最优为目标，建立组织、对接、执行全链条政企共融共享机制，丰富对话、推进、公关多维度政企协同协作模式，分析协同性政企关系的运行机理，搭建政企协同模型（见图3-1），建立"1+5+N"合作体系，推进电力设施领域公共基础设施建设，确保项目的全局性、长远性、科学性、现实性和可操作性。

1. 构建政企协同协作长效管理组织体系

搭建基于政企协同的共融共享管理体系（见图3-2），成立政企协同专项

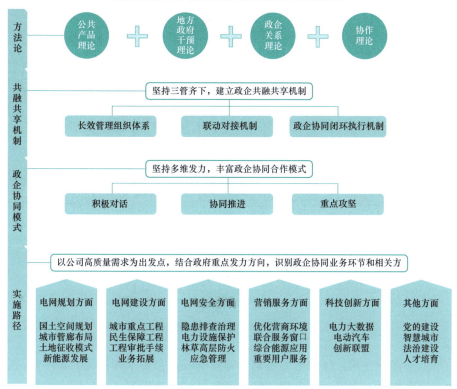

国网石家庄供电公司基于政企协同的共融共享管理体系内涵

图 3-1 政企协同模型

工作小组和政企内外协同联动单元，全面对接省、市政府，明确公司内部各管理部室与政府各部门协作关系，理清协同管理目标，借助政府行政力量，协调各利益相关方诉求，共同追求综合利益最大化，形成在电网规划、电网建设、电网安全、营销服务和科技创新等方面合作体系，实现电网高质量发展、资源高效率配置、技术高标准创新的目标，画出电网发展与政府合作的最大"同心圆"。

2. 建立多层级多部门联动的对接机制

建立高层协商、部门落实和信息保密三项机制，确保政企衔接和协同管理过程中快速响应和规范高效执行。**一是建立高层定期协商机制，保障政企协商畅通。**双方高层领导定期磋商，研究各项重大涉电合作事宜，并就电网建设、运营、监管等相关问题进行深入讨论和磋商，推动实现互利共赢目标。**二是建立部门衔接落实机制，保障政策"落地有声"。**通过与各区政府签署战略合作框架协议，以及将电力发展过程中需要政府协同发力的问题纳入地方

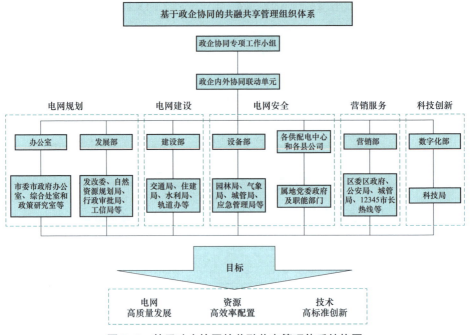

图 3-2　基于政企协同的共融共享管理体系结构图

的重点工作等方式，保障电力基础设施发展与社会需求相协调、相匹配。公司通过实施城市电网改造升级，助力各区经济健康发展。**三是建立重要事宜保密机制，保障信息数据安全可靠。**除法律法规已有规定外，双方对合作过程中知悉的对方保密信息承担保密义务。

3. 构建基于 PDCA 的政企协同闭环执行机制

通过内部监督、合作评价、问题整改闭环等工作环节，掌握政企合作进展，将"风险管理"和"纠错机制"引入协同管理体系，对效果不及预期、推进存在困难的项目，建立 PDCA 闭环执行和持续改进机制（见图 3-3）。**阶段一 Plan：**构建政企协同模型，明确合作思路和协作方案；**阶段二 Do：**执行政企协同协作方案，畅通沟通渠道，固化合作方式；**阶段三 Check：**检查执行成效，运用评估工具，量化合作成效；**阶段四 Analyze：**分析制定改进措施，压实治理责任，持续改进优化。**阶段五 Plan（新一轮循环）：**根据反馈情况及时纠偏、修正路线，不断优化改进，适应不断变换的外部环境，实现理论管理与实践应用的同步优化、循环提升。

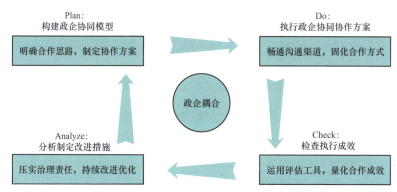

图 3-3　基于 PDCA 的政企协同闭环执行机制模型图

4. 积极对话，提升政策争取广度

加强与政府部门对接的组织管理，明确各部门沟通责任，畅通争取交流渠道，建立政策获取和问题汇报的双向信息交流机制。**一是畅通动态沟通渠道**。建立定期对话、动态沟通工作机制，明确各部室对接政府部门，针对城市重点工程、民生工程，提前促请政府协调各利益相关方，构建职责清晰、分工明确的工程推进体系，倒排工期、挂图作战，确保各道工序衔接有序、工程按期保质完成。**二是及时获取政策动向**。超前制定工作措施，确保工作内容、进度、成效与当前的热点、焦点、难点问题高度契合，推动政策想在前、行动走在先，实现"电力资源等发展"。**三是加强问题协同研讨**。推动政府主要领导亲自挂帅电网建设领导小组，定期向主管部门汇报地区电力建设、供电保障、工程进展和当前问题，组建包括市政府政策研究室、自然规划局在内的外部团队，提供科学合理的解决方案。

5. 协同推进，提升融合发展深度

一是发挥政府主导作用。将电力事项纳入政府工作报告、年度重点督办事项、专题研讨会等政府工作，有力推动省会电力基础设施建设、能源综合服务等事业健康稳定发展。深化政企"多部门、一站式"对接模式，不断创新方法，开拓工作思路，合理利用政府行政资源，推动政府在环节精简、并联审批、绿色通道等优惠政策向电力企业倾斜。**二是突出项目引领作用**。高度重视地方政府建设项目，积极参与重点招商引资项目、民生工程、重要线路迁改等涉电重大项目，实行急事急办、特事特办，依托公司柔性化团队，开通重点项目服务"绿色通道"，提供电力专属优质服务，全力服务地方经济社会发展。**三是强化数据支撑作用**。充分发挥电力大数据研究成果作用，定期向政府推送电力看经济、看发展等电力服务产品，为政府决策做好电力支

撑，实现信息共融共享。成立"智库研究室"，组织开展重大课题研究，积极承接上级、政府部门研究任务，拓宽外部信息收集渠道，强化企业内部数据资源共享，为政策争取方向、政府政策制定等方面提出合理化参考建议。

6. 重点攻坚，提升协同管理力度

一是梳理重点难点问题。围绕"电网规划、电网建设、电网安全、营销服务、科技创新"等核心业务，组织相关部门对近年来"遇阻型、超期型、失败型"案例进行全面梳理，确定重点推进的政企协同管理议题清单。二是找准问题受阻症结。理清问题流程环节、问题症结、涉及利益相关方等，按照诚信透明、优势互补、合理分工、互利共赢、可持续合作原则，对重点议题进行系统分析，精确定位影响和实现目标的"矛盾冲突点"，累计确定变电站规划选址、电网规划环评等16项重点议题。三是促请政府集中协调。由政府牵头组织召开协调会，通过政企信息共享、资源互换、共同行动等方式，开展资源条件分析，逐一协调各业务涉及的利益相关方，制定差异性政企协同管理方案，形成常态化、制度化、流程化的政企协同管理工作程序（见图3-4），实现整合社会资源、最大化创造综合价值。

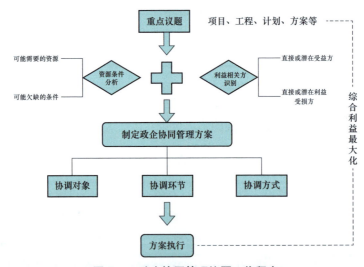

图3-4 政企协同管理议题工作程序

（三）工作成效

2021年，建立定期对话、动态沟通的工作机制，常态化组织召开研讨会，主动向政府主管部门汇报地区电力建设、省会供电保障、重点工程进展和当前存在的问题，不断丰富决策参考、信息简报的形式和内容，第一时间

获取政府决策动向，超前谋定工作措施，实现了政策想在前、行动走在先。

2022 年，主动融入政府工作方案，发挥各类领导小组成员作用，积极传递电力声音，对内有机融入公司发展大局，依托专项工作方案，不断优化流程，实现资源和信息的协同共享，建立"政府调度、企业实施、联合推进"机制，实现了城区"1+4"5 座 220 千伏变电站规划全部落地，市委市政府专门向国家公司致信感谢，国网公司主要领导回信感谢并对石供工作给予充分肯定，为省会发展提供了优质高效的电力支撑。

2023 年，建立市、县公司，原集体企业一体联动机制，紧盯各区域城市更新项目动向，主动服务招商引资、民生工程、线路迁改等涉电重大项目，急事急办、特事特办，依托公司柔性团队，开辟电力专属绿色通道，为服务地方经济社发展提供了有力保障，作出了电力表率。与石家庄市交通投资集团、城市发展投资集团签订战略合作协议，创新构建"迁、临、正"一站式服务管理模式，按期投运复兴大街市政化改造、四大汽车产业园建设等配套电力工程。

二、打造"阳光办电"服务品牌

（一）目标思路

石供践行人民至上的发展理念，坚持问题导向、效率最优、科学合理等工作原则，以深化石供"阳光办电"服务品牌建设为主线，坚持程序公正、坚持过程公开、坚持结果公平，突出问题整改、突出风险预防、突出示范引领，实现"业务全线上、信息全公开、流程全透明"的"三全"服务模式，打造以客户需求为中心的全专业、全链条、全环节的业扩服务新模式，提供快速接电、规范接电、便捷接电的新服务（见图 3-5）。

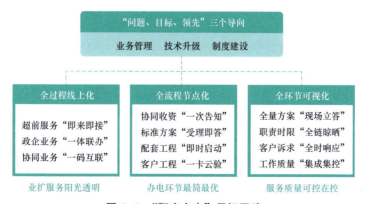

图 3-5 "阳光办电"目标思路

（二）实施路径

1.搭建全过程线上管控平台，业扩服务阳光透明

打通现有业扩服务流程，从超前信息获取至服务后评价，换位用户视角，推动全过程线上流转，营销、发展、设备、物资、调控五大专业按照业务流程有序衔接，实施专业在线协同、信息在线共享、意向在线服务新模式。建设阳光业扩全线上服务平台，为新型服务模式提供技术支撑，实现"数据共享、多口咨询、归口管控、在线跟踪、过程可溯"。

（1）用电意向线上管理，超前服务"即来即接"。

开放发展、调度、运检、建设等部门，以及属地单位线上业扩意向库权限，国土规划、线路迁改、招商立项、电网改造升级相关项目信息及时"赋码入库"；健全储备项目线上管理机制，规范线下接洽渠道，明确职责分工和业务流程，严禁违规线下对接。

一是意向申请全部入库，线上联通省、市两级立项、工改两类审批平台，线下建立营销、发展、运检、建设多专业政府对接机制（见图3–6），提前获取项目规划、招商立项、线路迁改等前期信息并建立线上储备项目库。发展规划对接。参与城市发展规划和国土空间规划编制，将电力行业发展布局纳入城市发展规划，将变电站站址、线路廊道资源纳入国土空间规划；提前收集土地储备、供应信息，滚动修编配电网网格规划，兼顾电网侧和客户侧需求，将地块电力接入需求纳入配网储备项目，促请地方政府提前开展管廊建设。政府招商对接。嵌入政府招商引资环节，积极参与省市县三级政府重点工程立项和招商局招商引资项目立项，项目立项信息纳入线上项目储备库动态管理，将电力接入条件作为项目评价参考依据。项目信息对接。对接地方发改、规划等政府部门，通过政府发布、投资项目平台、工改系统、新闻媒体线上或线下渠道超前获取重点项目信息，纳入线上项目储备库动态管理。

二是线上协同服务增值。以超前主动服务赢得市场。接入方案编制。共享储备库项目信息，营销专业做好项目跟踪，与客户建立"一对一"直接服务，接洽了解项目信息与用电需求，超前启动现场勘查、接入系统方案拟定等前期准备工作，发展专业编制初步接入系统方案。主动协同服务。制定供电服务与能效服务业务融合方案，指导客户合理确定内部用能方式、配变容量、选址布局，有效降低客户用电成本；将项目迁改工程前置，统筹编制迁改、临时电、正式电用电方案，专业协同推行套餐服务，减少电力设施重复

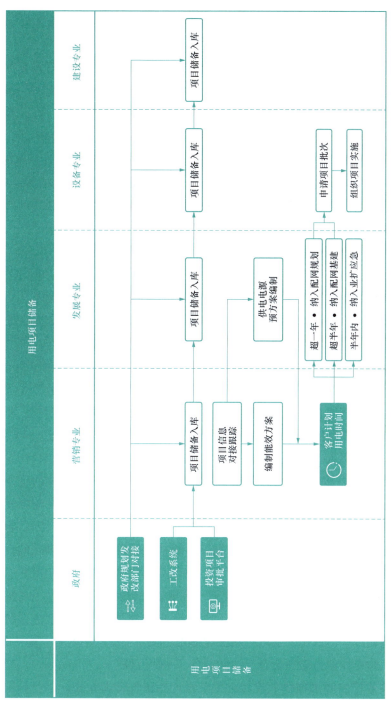

图 3-6 用电项目储备多专业政府对接机制

停电次数。**项目出库报装。**接受客户提出的正式报装申请，或结合项目进度直接提醒客户提出正式报装申请，受理申请同时项目由储备库出库转为正式业扩项目。

三是超前服务线上管理。明确线上储备库管理流程，纳入阳光业扩平台管控，客户经理"一对一"直接服务，精准研判配套工程建设需求。**超前规划建设。**落实储备项目超前规划建设，明确项目立项实施周期，打通客户用电需求传导至网架规划渠道，利用月季年规划碰头会，及时调整电网规划，适时启动电网工程建设。**实施业扩配套"三段式"管理。**客户预计用电时间1年以上列入电网规划项目，7个月以上纳入配网基建，7个月以内的紧急项目、小微企业项目，以及基础业扩配套需求纳入应急项目包，提前启动可研编制和配套立项，支撑"电等发展"、项目"即来即接"。

（2）融入数字城市发展，政企业务"一体联办"。

主动融入数字城市建设，线上共享共用办电证照信息，简化电力接入工程线上并联行政审批流程，推动"电水气暖""不动产＋用电"业务"一窗联办"，服务信息"线上跑"，形成"政府有为、电网有利、百姓受益"的良好生态。

一是办电证照共享。深化政企证照信息共用，贯通省、市2级政务平台、项目审批平台2类平台，营业厅远程视频柜员机（VTM）、营销业务系统2个渠道线上直接获取企业营业执照、不动产权证、建筑工程规划许可等14种政府平台已归集证照信息，企业营业执照、不动产权证调取成功率达50%。

二是电力接入工程"并联审批"。联合自规、审批等6部门联合印发《石家庄市简化电力接入工程行政审批的意见》，电力接入工程涉及的规划、绿化、掘路、占路等行政审批事项，全部纳入市工程建设项目审批监督管理系统，实现"一日申请、同步受理、并联审批、5个工作日限时办结"。客户经理提供外线审批手续代办，涉及占据路、绿地占用等行政审批事项的，推送政务部门，实施在线并联审批。

三是政企业务"一窗联办"。促请政府规划、数据部门联合印发《关于推动不动产登记和电力联动过户办理工作的通知》，贯通供电营销业务系统与石家庄市不动产登记系统，全市公共事业率先实现"不动产＋电力"业务联办。

（3）跨专业信息融通聚合，协同业务"一码互联"。

打破业扩协同事项线下流转、手工录入的传统管理方式，以业扩工单编号为唯一标识，协同事项线上管控，关键信息自动获取。以阳光业扩平台为枢纽，运用电网资源信息中台和机器人流程自动化（RPA）技术，将协同环节由各专业发起、线下离散模式向工单线上流转、驱动聚合模式转变，以工单编号作为业务流转的唯一标识，协同环节的任务接收时间、办理时间、办结结果在系统上详细记录，明确"线下即违规"。

一是协同环节线上管。依托阳光业扩平台，将业扩可研立项批复、ERP建项、物资采购领用、业扩配套工程实施、送电关键协同环节，分责任、分专业、分单位、分环节、分时限纳入阳光平台线上管控，实现高压业扩全环节线上流转、记录留痕；制定业扩报装协同部门评价指标，形成责任具体、要求明确、环环相扣的"责任链"，全面协调和推进业扩报装工作提质提效。

二是协同环节线上通。基于发展、设备、物资、调控专业现有信息系统，明确以营销业务系统生成的业扩工单编号为全流程线上化流转唯一标识，明确各专业系统业扩协同信息录入规则，应用电网资源业务中台和 RPA 机器人技术，实现业扩协同环节关键数据全部集成至阳光业扩平台，系统自动获取、自动提交，保证协同环节任务接收时间、办理时间、办理结果数据真实。

2. 全流程节点化，办电环节最简最优

细化各环节岗位职责、明确工作标准及要求，实施报装即时上线、方案受理即答、配套即时启动、随工标准验收、竣工即时送电、契约限时完工 6 项提升举措，进一步畅通业务报装申请、供电方案答复、配套工程施工、客户工程验收和送电 5 个关键流程节点，打造"在线集控、方案即答、配套及时、竣工即送"最高效服务，实现全流程节点化。

（1）报装申请即时上线流转，协同收资"一次告知"。

一是统一协同环节资料。将接入系统设计等 5 类、12 项协同环节所需资料纳入收资范围，在受理环节推广使用，一次性告知客户各环节提资要求，各部门不再单独向客户收取额外资料。按照"能简则简、能并则并"原则，制定简化后《办电收资一次告知清单》，发展专业负责预留环网、110 千伏及以上接入系统收资清单；调控专业负责电网侧及调度范围内客户设备保护定值整定收资清单；设备专业负责电能质量治理、客户工程涉网设备竣工验收、资产移交相关收资清单。

二是规范业务正式受理要求。客户提交用电申请，且用电主体资格证明、用电地址权属证明、用电工程项目批准文件齐备后应正式受理；编制《"以函代证"用电报装作业指导书》，减少因客户提供办电要件不全导致的服务风险。

三是明确申请即录入系统。线上预受理工单审核全部集约至县公司，2 小

时内完成转派并发送提醒短信。营业柜台受理的工单当即录入系统，生成带有时间水印的受理回执单由客户当场签收。严格落实"同城异地"业务受理，同一地区可跨营业厅受理办电申请，受理及时录入系统流转。

四是源头杜绝体外循环。开展痕迹辨识，营业厅音视频监控临柜受理录机情况，依托"办电 e 助手"过程留痕，比对工单流转时间与受电工程实施进度；实施过程查验，依托阳光业扩平台、营销业务系统、企业资源计划（ERP）、项目管理系统（PMS）、订单管理系统（OMS）、预算管理平台（NC）等跨专业业务系统，开展工程实施、验收送电等关键节点时间一致性比对核查；强化客户回访，细化回访内容，加强反馈内容辨识和真伪甄别，规范回访结果分析。依托阳光业扩平台建立体外循环 10 项监控，涉嫌"体外循环"风险预警，一查到底、通报晾晒。

（2）典型模板自动匹配，标准方案"受理即答"。

固化 6 套典型方案参照模板，3000 千伏安及以下项目实现"受理即答复"。短期无法答复或电网受限项目，3/5 个工作日（单 / 双电源）确定解决措施或过渡方案。实施方案调整"提级审核 + 溯源问责"机制，剔除人为干扰，评价数据质量。

一是简单项目受理即答复。制定简单项目供电方案标准模板。梳理小学、幼儿园、充电桩、临时用电 4 类常见简单业扩项目场景，设置计量、计费方案按项目场景、用电性质、用电容量自动匹配规则；实用化应用电网资源信息集成共享，实现供电方案接入点、路径等事项自动生成；依据电源接入点（架空、环网）和客户工程（箱式变压器、配电室、柱上变压器）常见类型，以"填空"形式明确供电电源、产权分界点等 37 个关键字段信息，形成 6 套典型方案参考模板，固化至阳光业扩平台；市区 3000（县公司 1000）千伏安及以下项目，系统录入用电场景、客户受电设备类型、用电容量、用电地址基本信息，即可一键生成供电方案（见图 3-7），一次答复准确率达 90%。

二是复杂项目明确答复流程。编制《特殊项目供电方案编审作业指导书》，对于特殊项目（接入受限、客户特殊负荷、园区内省市重点项目及电动汽车充电桩电能替代项目、其他无法直接答复供电方案项目）客户经理 1 个工作日内发送需求，制定接入系统方案或临时过渡方案，单 / 双电源 3/5 个工作日完成。

三是严格方案调整提高规范性。建立《供电方案后评价管理机制》，明确方案编制答复时限、供电电源合理、电价计量方案准确、业务费收费正

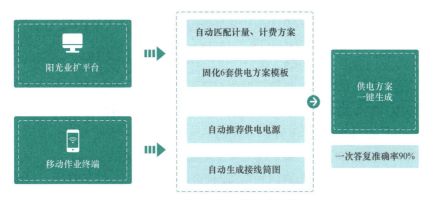

图 3-7　供电方案一键生成流程

确、客户满意评价 5 个维度评价规则，科学评估供电方案编制质量；对非客户原因导致的供电方案变更，建立"提级审核＋溯源问责"机制，按人为、数据、系统、制度、偶然 5 个维度定性分析变更原因，剔除人为干扰，评价数据质量。

（3）业扩配套项目预安排，配套工程"即时启动"。

6 类简单业扩配套"项目预安排、答复即开工"，2 个工作日物资匹配到位、10 个工作日内建设完成；复杂业扩配套项目实施"典型可研设计一体化＋物资提前储备自动补库"，7 个工作日内完成可研批复、25 个工作日完工，明确安全要求提前送电至分界设备上口，配套工程"带电等用户"。

一是简单业扩配套项目预安排。制定《业扩配套工程快速响应作业指导书》，依据下达的项目包超前储备物资及服务；供电方案答复确定业扩配套项目需求后，单体项目"随时立项，随时领料、随时施工"，实现 2 个工作日物资匹配到位、10 个工作日内建设完成。

二是复杂业扩配套项目限时完工。实施"典型可研设计一体化＋物资提前储备自动补库"，编制《配套电网工程典型设计手册》，将可研设计一体化报告简化为可研设计说明书，取消可研设计评审，说明书编制后发展专业可直接立项；物资专业落实业扩物资实物储备机制，在项目可研、设计阶段优先选用标准物料，支撑业扩工程施工零时差，7 个工作日内完成可研批复、25 个工作日完工。

（4）验收标准规范统一透明，客户工程"一卡云验"。

公示 19 类、115 项验收标准，发布客户受电工程通用定值整定及传动导则，实行简单项目"云验收"，复杂项目"电子化验收"，系统一次性推送验收量化评分结果，合格后项目 3 日内实施"不停电送电"。

3. 全环节可视化，服务质量可控在控

实施部门时限全链晾晒、客户诉求全时响应、工作质量集成集控 3 项提升举措，着力解决传统业扩管控智能化程度不高问题，拓展多维智能管控手段，实现办理进度、指标数据、工作质量、服务评价集成集控。完成业扩全景在 i 国网、网上国网及阳光业扩平台"两网一台"展示，实现全环节可视化。

（1）厘清流程节点三条主线，职责时限"全链晾晒"。

坚持"责任唯一、节点内控"，业扩全过程 38 个业务环节精简合并至 13 个，其中，简单项目受理即方案答复，实行云验收和配套工程提前送电，与客户交互环节压减为"申请答复方案、装表送电" 2 个，办电时间压减至 6 个工作日。全业务环节明确时限阈值、主动推送预警、临期提级督办，实现"客户交互、配套工程、客户工程" 3 条业务主线全景可视。

一是全流程责任唯一、节点内控。结合高压业扩标杆服务流程，从环节入手，以营销系统业扩全流程为主线，明确常规业扩服务环节（业务受理、供电方案编制答复、设计审查、中间检查、竣工检验、停送电）、专业协同环节（保护定值调试、停送电计划提报执行）、配套电网工程建设环节（可研设计、项目立项、施工图编制、服务采购、物资供应、工程施工）流程节点、协同专业、时限要求、预警阈值，业扩全过程 38 个业务环节精简合并至 12 个。

二是全流程可视展示、挂图作战。利用树干图展示方式，依托阳光业扩平台，以客户交互业务受理、供电方案答复、验收、送电为主线，以客户工程全过程（设计审查、工程实施、中间检查、竣工检验）和配套工程建设全过程（配套项目设计可研批复、ERP 建项、物资领用、配套电网工程施工验收）为支干，展示全流程办理进度、协同部门、岗位人员及联系方式、工作职责、时限要求、处理时限等信息，全部纳入平台"物流式"展示。

（2）业扩机器人智能服务，客户诉求"全时响应"。

打破单向被动的传统业扩服务流程，升级智能化、互动式服务举措，客户互动、服务评价、质量监督纳入业扩全过程闭环管理。

一是设置"线上客户经理"。智能用电指挥平台设置市县两级"线上客户经理"，发布《线上客户经理智能服务规范》，对内，依托阳光业扩平台、i 国网对全过程实时监控、预警督办，通过办电 e 助手、电话回访，开展服务风险敏感信息核查；对外，打通客户诉求渠道，基于大数据分析和频率曲线定位服务隐患，从服务频次、约定守时、客户评价反馈等方面开展服务评价。

二是开发办电 e 助手"线上业扩机器人"。开发办电 e 助手"线上业扩机器人",分类汇总常见客户咨询事项,定制报装资料、验收标准等 30 项办电咨询信息话术,"线上业扩机器人"精准推送、在线跟踪。

三是公开"阳光办电"二维码。公示"阳光办电"二维码,汇集优化营商环境举措、业扩工程典型设计图集、信息公开、业务办理告知书、服务监督电话等板块,拓展信息公开新渠道;公开"线上客户经理"企业微信,智电平台专席运营,客户扫码精准服务,提供全天候在线业务咨询、政策解读、流程查询,打造"陪伴服务"新模式。

（3）丰富多维数字智控手段,工作质量"集成集控"。

打破传统业扩管控智能化程度不高问题,拓展多维智能管控手段,实现指标数据、工作质量、服务评价集成集控。

一是"三级看板"晾晒工作质量。建设业扩总览、体外循环、全流程监控等可视化展示屏,以折线图、饼图、柱状图、热力图等形式,直观展示业扩报装数据、接电时长、超长超短超时限工单、各类业务处理不规范等维度。

二是开发"i 国网"指标看板。依托 i 国网 App,实现任务实时推送、在线审批、动态监控、辅助决策;定制决策层、管理层、执行层三级指标看板,开展分级督办、分级推送、提级督办,确保信息第一时间获知、问题及时协同处理、时效质量每日评价,指标完成情况每日推送公司主要领导,同步编制周报、周早会通报。制定业扩服务评价规范,明确全节点时限阈值和工作质量要求,定期开展业扩全过程服务评价。

（三）工作成效

2021 年,坚持"业务全线上、线下无审批、信息全公开、流程全透明"四项原则,省内率先建成"阳光业扩"全线上管控平台,贯通电网生产管理综合信息系统 GIS、电缆管网等系统,实现方案辅助编制、节点超期预警、数字化验收等功能,"阳光办电"典型经验受到国家能源局、国家市场监管总局等政府部门高度认可。

2022 年,作为国网公司 4 家试点市公司之一,推出"三全三超前"服务、供电方案自动生成、3000 千伏安以下用户方案受理立答、电子化验收等领先举措,首家设立"水电气暖"联合服务窗口。出台支持正定发展"十项举措",创新"带电招商""一次都不跑"等做法。

2023 年,加快"获得电力"先行示范建设,打造供电方案现场答复、客户工程"云验收"标杆模式，实施小微企业低压外部电源工程免审批、备案制，不断提升客户用电获得感、满意度。

三、创建"零投诉"示范区

（一）目标思路

对于供电企业而言，做好客户服务工作既是政治任务，也是经营责任，更是践行初心使命的职责所在。石供坚持问题导向，聚焦客户服务方面存在的突出矛盾，以实施营业窗口同质化管理、社群服务数字化提升为基础，强化前端高效服务，实施诉求响应三个提级，坚持问题处置四个贯穿，构建"134"客户满意度管控体系（见图3-8），推动公司各级领导干部担当作为，专业之间高度协同，提升供电服务品质。

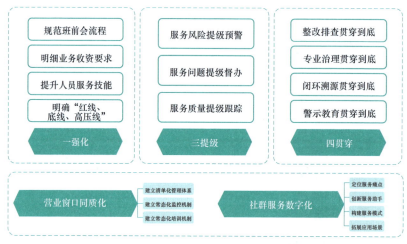

图 3-8 "一强化、三提级、四贯穿"客户满意度管控体系

（二）实施路径

石供构建并实施"一强化、三提级、四贯穿"的客户满意度管控体系，做实服务最小单元，强化前端高效服务；前移风险防控关口，提级响应客户诉求；拓展问题治理维度，问题处置全过程闭环。

1. 增强意识能力，坚持前端服务"一强化"

（1）规范班前会流程。

编制营业厅班前会作业指导书，推行营业厅工作日志及记录卡，落实专业及服务风险管控责任，规范营业厅日常管理。营销服务中心依托市级智能用电指挥平台，开展营业厅班前会音视频监控工作，每日发布监控日报，对监控发现的集中问题，及时报公司营销部。各县公司依托县级智能用电指挥平台，自行开展内部监控工作，建立监控问题整改销号机制，持续规范班前会管理水平。

（2）明晰业务收资要求。

制作电力 e 码查二维码，内容涵盖电价电费、业扩报装等六类 38 项高频业务收资要求和办理渠道，明确各服务环节业务办理、收资、查询路径等要点事项，客户清楚掌握业务办理要求，减少重复往返或致电。制作桌摆，摆放至柜台，正面二维码面向客户，背面目录便于工作人员了解介绍。在客户咨询或办完业务后，提示客户扫码查询收资或者办理路径。

（3）提升人员服务技能。

常态开展服务人员在岗培训，聘请专家进行政策解读和服务形势剖析。组织开展优秀服务之星评选，以"零投诉"为首要条件，打造一批先进的营业服务之星、供电抢修之星、台区经理之星，发挥先进引领作用。开展异业对标学习，拓宽视野、取长补短。编制典型服务场景应答技巧手册，提升一线服务人员沟通技巧。开展"致员工家属一封信活动"，实施亲情关怀，提醒员工注重服务奉献。对于曾发生投诉记录的员工，分层座谈，疏导员工压力，搜集合理化建议，排解服务隐患问题。开展线上心理舒压课程，引导员工正确面对服务压力，提高抗压能力。

（4）明确服务"红线、底线、高压线"。

编制《"红线、底线、高压线"典型案例集》，整理投诉、意见等 40 个服务案例，对照两个十条和营销投诉派发标准对号入座。开展属地检查、市级抽考多轮次检验检查基层人员学习效果。开展领导进厅抓作风专项活动，组织各单位营销分管领导、营销部班子开展营业厅实地督导，通过参加班前会、工作检查等方式，严明工作纪律，紧抓工作作风，提振精神面貌，实现营业厅全覆盖，提升"营销是窗口、是形象"的思想认识，压实属地管理责任。组织开展提升培训，针对代理购电及电价知识、分布式光伏业务、优化营商环境能力提升等重点、热点问题进行专业讲授。将国网公司《供电服务"十项承诺"》《员工服务"十个不准"》纳入供电服务检查内容。开展思想、行为意识大讨论，重点围绕落实责任、纪律、市场、法律"四个意识"、落实岗位要求等自查存在问题，提出防范措施。组织编制投诉典型案例、预防措施，不定期安排直接责任人现身说法，引导员工转变意识。

2. 优化处置流程，坚持诉求响应"三提级"

（1）服务风险提级预警。

编制客户服务二十四节气表，梳理充电桩报装、电费缴纳、停电抢修、电表校验、电价政策等客户热点问题 16 项，精选全年节气、节假日共计 24 个宣传节点，制作精美宣传图片，通过微信群、朋友圈进行用电宣传。对涉及范围较大的线路改造、政策调整等可能影响客户服务的业务工作，提前 15 日制定应急预案，细化宣传和预控措施。**开展诉求频率曲线分析，**对节假日、春灌、迎峰度夏、采暖季等重要时期，明确风险高发时间段、区域，提前 10 日发布风险预警，责任单位提前 5 日完成客户告知和重点客户走访。**开展关键时期意见客户走访，**建立重点客户背书和联络机制，针对全口径投诉、风险工单、重复诉求等客户，责任单位分层分级开展差异化回访，收集的问题向市、县营销部两级备案。对重复且无理诉求客户，由责任单位分管负责人牵头开展现场走访，协同宣传部门做好政策解释和舆情风险防控，必要时向公安机关报案、向政府部门报备。针对极端天气、电表集中改造、政策性拆迁和关停、电网建设赔偿等有可能诱发成片投诉的风险，开展服务风险点分析和隐患预测，建立市、县、所三级穿透和建设、运检、营销等专业横向协同的信息收集和共享机制，制定有针对性的预控措施，最大限度地提前化解隐患。

（2）服务问题提级督办。

建立"1-3-5"舆情风险响应机制，遵循舆情发展规律，从舆情排查、风险分析、研判应对等各环节全过程加强舆情应对处置，根据营销服务舆情危害程度、发展态势等因素，科学研判，妥善引导处置，属地单位 8 小时内完成调查，24 小时内完成情况回复。对于拨打过 95598 意见工单客户，组织各单位对于管辖区域客户主动联系走访，关注诉求是否妥善解决，对无理诉求客户做好后续情况跟踪，避免问题再次发生或风险升级。约时工单安排专人每周调度，对预估不能按期履约的，逐级上报并组织协调，确需延期的由公司专业部门确认后，向客户做好解释并再次约时。不合理诉求做好解释，并留存音视频、纸质资料等过程记录，安排专人每日督导调度，专业跟进采取措施，避免矛盾升级。对业扩、电费、计量、窗口服务、供电质量、故障抢修 6 类服务问题集中的专业，**建立隐患排查治理机制，**按月动态更新隐患问题库，在未形成投诉事件前及时整改。专题开展在办业务隐患清单梳理，运用稽查监控手段，组织业扩报装、光伏并网、抄核收等潜在投诉多发领域隐患排查，通过远程稽查、现场检查与面对面谈心，挖掘客户诉求长期未答复问题，避免员工把隐患握在手中、藏在心里。实施服务隐患问题库专业逐级督办＋优质服务归口督办，能够短期解决的，立行立改；需要较长时期才能解决的，落实整改计划逐级报备。

（3）服务质量提级跟踪。

开展重复诉求与风险工单筛查。敏感问题实施监控、筛查、统计、通报、预警全链条管控。在工单转派同时，对意见工单、重复诉求、有升级12398或舆情风险、涉费、三指定、服务态度、客户多次催办等敏感问题，通过短信、通信群组等方式分级预警。对于工单下派时标注热词的风险工单，接单后2小时内联系客户，1个工作日内向客户告知处理进度，2个工作日内完成处理。故障报修、复电申请接单后及抢修完成10分钟内告知，抢修进程实时通报。对于多户故障及复电问题，通过微信群公开告知。**对于服务问题频发、舆情风险集中的单位下沉帮扶，**每季度锁定服务问题集中的县、所，提供专业指导、资金倾斜、项目扶持等多维度、差异化包干帮扶策略。对服务问题直接责任人，采取重点辅导、精准培训、调整岗位建议等方式，防范问题再次发生。开展帮扶成效后评估，定期分析发布帮扶整改成效。

3. 严格服务管控，坚持问题处置"四贯穿"

（1）整改排查贯穿到底。

实施"一风险三整顿"。建立服务风险问题整改销号台账，敏感问题、监控检查服务风险，问题整改任务单点对点发至责任单位、限期整改；对照排查任务单纵向发至各单位、举一反三自查、防患未然；专业工作协办单横向发至相关专业、强化管控。组建服务督察大队，服务问题发生后1个工作日内现场调查，"事故回放、系统调档、现场查看、当事人访谈"多种手段结合，对业务处理、客户沟通、监督管控全过程逐一梳理分析，当日出具调查报告，提交专业审核。**开展在办业务服务隐患清单梳理，**预判风险点，制定服务风险防控措施，优化专业方案，服务管理与专业工作有机融合。针对业扩、电费、计量、营业厅、供电质量、故障抢修6类投诉集中专业，动态更新服务隐患问题库，在未形成投诉前及时整改。

（2）专业治理贯穿到底。

专业部门组织开展诉求线索筛查，对存在风险升级或性质恶劣的涉嫌违规情况开展"四不两直"调查，查明事件经过、发生原因和责任人。聚焦客户诉求中的突出风险和敏感问题，建立问题治理销号台账，逐件督办。挖掘客户诉求中的专业隐患和突出风险，下发《专业协办单》，完善管控机制、优化业务流程、畅通协同渠道等方面，研究治本之策，10个工作日办结，每月对问题销号情况跟踪督办。**发布"客户意见排行榜"**，对于投诉、意见工单等指标数据开展多维度晾晒。对于错发短信、频繁停电、光伏管理、优化营商等重点领域，责任专业提出工单治理目标。定期召开服务管控专业会，营销、运检、供服等专业通报典型案例，找准根源问题，提出管控要求。

（3）闭环溯源贯穿到底。

针对典型服务问题，调查完成后两日内，向"管理机制、风险驾驭、队伍建设"深层次追根溯源。**推行原因、责任、措施"三清楚"**，深挖问题管理根源、落实专业责任、明确整改措施、专业审核把关，强化问题周、月分析通报，一抓到底、扭住不放。组织对业务处理、客户沟通、监督管控全过程开展溯源分析，对事件原因逐一从服务态度差、设备老旧薄弱、业务执行不规范等表象问题，进一步溯源穿透管理、管专业必须管服务是否到位等深层次原因，3个工作日内完成溯源报告。投诉、舆情、上级督办问题报公司分管领导审批，敏感意见、2次以上重复诉求分管主任审核管控。

（4）警示教育贯穿到底。

典型服务问题对事件过程、调查结论、溯源结果和责任单位、责任人处理情况进行通报。责任单位领导班子带领相关部门和所有供电所长在事发供电所召开警示教育大会。服务风险高发、工单集中爆发、同类重复诉求突增后，倒查主责部门、专业岗位管理责任与管控缺失问题，对于频繁发生、措施不实、整改不力的问题，连带追究上一层级管理责任。营销部、设备部牵头负责本专业领域问题溯源，按月提报考核意见。典型服务问题发生两日内，责任单位组织召开由主要负责人、分管负责人、相关部门负责人、全体供电所长参加的教育警示大会。

（三）工作成效

通过实施"零投诉"示范区管控，从客户诉求角度聚焦专业短板，以服务风险溯源倒逼管理隐患整改，专业管理部室主动作为、履职担当，服务问题直接上手、真督实查，解决基层实际问题。推动各级领导干部担当作为，做到讲政治与抓业务有机统一，把抓落实的重心放在一线，对于客户诉求实行一张工单、一管到底、服务到位、闭环管控，确保政策在一线实施，问题在一线发现，工作在一线推进。

2021 年， 投诉治理成效明显，户均投诉首次实现河北南网第一。全年投诉总量同比下降 88%。5 个县公司实现零投诉，占省公司零投诉县公司一半；81 个零投诉示范区完成创建任务。

2022 年， 聚焦客户诉求，严抓专业穿透、严管问题整改，服务风险有效遏制，投诉管控成效凸显。投诉总量同比降低 85%，风险意见工单同比降低 89%；128 个零投诉示范区完成创建任务。

2023 年， 聚焦社会关注和群众关切的热点问题，督办敏感诉求 1327 件；客户意见治理取得新突破，营销类意见下降 52.56%，降幅最高；167 个零投诉示范区完成创建任务。

四、加强电力需求侧管理

（一）目标思路

随着经济发展，用电负荷特别是居民用电负荷的快速增长，夏季和冬季用电负荷的"双峰"特征日益突出，极端气候现象多发，增加了电力安全供应的压力。大规模接入电网的可再生能源具有随机性、波动性、间歇性特征，对电力系统的稳定性带来新的挑战，也需要通过电力负荷管理来保障电网安全。健全电力负荷管理体系，可以促进可再生能源的消纳，提升用能效率，适应新型电力系统建设的新要求。

电力负荷管理有助于兜牢电力安全保供的底线。电力负荷管理有助于满足人民群众对美好生活的用电需求，助力经济社会的高质量发展。为适应新型能源体系建设要求，国家发展改革委修订发布《电力负荷管理办法（2023 年版）》，进一步规范了电力负荷管理工作流程，强化了电力负荷管理的科学性和规范性。对技术平台建设提出更高的要求，通过加强电力负荷管理执行监测，推动政企协同电力需求侧管理体系建设（见图 3-9），为电力负荷接入系统和调用提供技术支撑，确保电力系统的稳定运行和能源供应的安全。

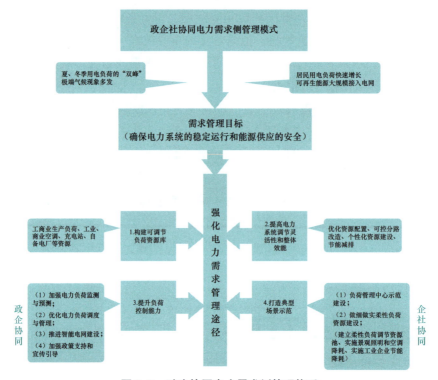

图 3-9　政企协同电力需求侧管理体系

（二）实施路径

1. 构建可调节负荷资源库

石供持续开展负荷资源库建设，从最初的单一大工业用户资源库，逐步拓展到包含自备电厂、景观照明、充电站、商业空调、基建用电等多元用户资源库，聚合的柔性负荷资源可在负荷紧张期间优先调用。构建资源库的优势具体如下：

提高电力系统调节灵活性和整体效能。 在电力供应紧张或突发情况下，可调节负荷资源库能够迅速响应，通过调整用户侧的电力负荷，帮助电力系统维持供需平衡，避免或减轻电网压力，确保电力供应的稳定性和可靠性。通过构建可调节负荷资源库优化资源配置，电力系统可以更加精准地掌握各类负荷资源的分布和特性，从而优化电力资源的配置和利用，提高电力系统的整体效能和经济效益。

保障用户用电需求。 可调节负荷资源库的建立，使得电力系统能够更好地满足不同用户在不同时间段的用电需求，提高供电的灵活性和个性化水平。

同时通过合理的负荷调度和管理，可以减少因负荷波动对用户用电体验的影响，提升用户满意度和忠诚度。

促进节能减排和可持续发展。可调节负荷资源库的构建，可以引导用户合理用电、节约用电，减少不必要的电力浪费和污染物排放，促进节能减排和可持续发展。在可再生能源发电比例较高的地区，通过调整负荷分布和优先消纳可再生能源发电，可以减少化石能源的消耗和污染物的排放，推动清洁能源的广泛应用和发展。

2. 提升负荷控制能力

提升电力负荷控制能力是一个复杂而系统的过程，涉及多个方面和环节。主要通过加强电力负荷监测与预测、优化电力负荷调度与管理、推进智能电网建设、加强政策支持和宣传引导等措施的实施，来提高电力系统的稳定性和可靠性，保障电力供应的安全和高效。

加强电力负荷监测与预测。建立健全电力负荷监测体系，利用先进的监测技术和设备，包括安装智能电表、远程监控终端等设备，实现对电力负荷的全方位、全天候监测，实时、准确地监测电力负荷的变化情况。提高负荷预测精度，运用大数据、人工智能等先进技术，对电力负荷进行精准预测。通过历史数据分析、趋势预测、模型构建等手段，提前掌握电力负荷的变化规律，为电力负荷管理提供有力支撑。

优化电力负荷调度与管理。科学编制调度计划，根据电力负荷预测结果和电网实际运行情况，科学编制电力负荷调度计划。合理安排发电机组的启停、出力调整等，确保电网供需平衡和稳定运行。实施需求侧管理，通过引导用户合理用电、节约用电，减少不合理的用电需求，从而降低电网高峰负荷压力。可以采取分时电价、峰谷电价等经济手段，激励用户在低谷时段用电，在高峰时段减少用电。加强负荷管理，制定严格的负荷管理制度和措施，对高耗能、高排放企业和产能过剩行业进行重点监控和管理。通过限制不合理用电需求、推广节能技术和设备等方式，降低这些行业的电力负荷水平。

推进智能电网建设。加快智能电网技术研发和应用，加大智能电网技术的研发投入，推动关键技术的突破和应用。利用物联网、云计算、大数据等先进技术，构建智能电网系统，实现电力负荷的智能化管理和控制。提升电网运行水平，加强电网设备维护和升级，提高电网的运行效率和稳定性。通过采用先进的电力设备、优化电网结构、提高自动化水平等措施，降低电网故障率和停电时间，提升电力负荷控制能力。

加强政策支持和宣传引导。促请政府出台相关政策，鼓励和支持电力负荷控制技术的研发和应用。通过提供财政补贴、税收优惠等政策措施，降低企业技术改造成本和风险。通过各种渠道和方式，加强电力负荷控制的宣传引导工作。提高公众对电力负荷控制的认识和重视程度，引导用户积极参与电力负荷控制工作。

3. 打造典型场景示范

石供积极开展市县两级电力负荷管理中心建设，落实各类资源"三个统一"（统一管理、统一调控、统一服务）管理要求，紧紧围绕"四个服务"（服务政府决策、服务电力保供、服务市场交易、服务用电客户）工作目标，强化业务承载能力、系统支撑能力和队伍专业能力，提升电力负荷管理精益化水平，加强供需协同互动能力。健全跨专业、与政府协同工作机制，增强纵向贯通、横向协同的协调指挥能力。推动探索应用、示范建设，并逐步推广实施。主要从以下两个方面开展典型示范：

（1）负荷管理中心示范建设。

完善常态化运行模式，试点打造供服中心与智电平台双融合的特色电力负荷管理中心，实现"平、战"结合的 7×24 小时用户负荷监测，配合政府制定需求响应、有序用电方案，在政府主导下组织实施。开展多元负荷资源接入、监测、调控和服务，提升资源精益化管理能力，开展客户侧安全用电与保障。细分以下几个方面：

健全负荷管理工作体系。加强政企协同，推动政府持续完善支持政策，健全政府主导的电力负荷管理工作机制，强化负荷管理中心常态化运行工作指导。成立专门的工作小组，负责示范场景的整体规划、实施和监督。落实"三用电"要求，配合政府制定需求响应、有序用电方案，在政府主导下组织实施；开展各类资源排查、接入、监测、分析、调控和服务，提升资源精益化管理能力，结合负荷管理业务场景，进一步完善制度标准，推动负荷管理技术标准体系持续完善。

推进负荷管理业务常态化运行。做好需求响应及有序用电工作，配合政府做好响应实施和实战演练，做好自备电厂监测，发挥自备电厂顶峰保供作用；支撑客户侧用电安全管理。常态开展低压分布式光伏运行监测，常态开展空调负荷资源排查，持续提升空调负荷资源规模和调控能力。探索服务新兴市场，配合做好虚拟电厂建设运行服务。

提升负荷聚合能力。扩大需求响应能力，按照最大负荷30%的缺口编制迎峰度夏负荷管理方案，完善日前、日内、实时三种响应方式，完成需求侧管理方案编制，迎峰度夏前完成实战演习。争取政府政策支持，加强电网、企业双联络，增强客户黏性。开展联合走访及资源排查，完善"一户一案"，持续扩大负荷精细化管理规模。促成柔性负荷资源池建设，丰富可调节资源。强化负荷控制管理，新增用户负荷 100% 接入负荷管理系统（保安负荷除外），坚持存量用户分路改造，实现负荷紧张时期远程需求响应。

提升用电安全保障能力。强化重点用户用电服务保障，严格落实国网公司个案保供工作要求，做好应急响应准备，建立 30 分钟抢修保障体系，完善保障方案，加强临电用户超期用电管理。规范自备电厂并网管理，联合走访督导检查是否存在编外机组，强化自备电厂并网全流程、全环节、全过程管控。

加强专业核心能力建设。优选复合能力强、业务功底扎实的专业人员组建负荷管理队伍，推动建立负荷管理人员交流机制，强化队伍能力建设。强化创新研究能力建设。加强负荷模型研究应用，面向重点行业开展生产机理及负荷特性研究，明确各行业不同场景下可调节能力模型，助力提升现场排查工作质效。

（2）做细做实柔性负荷资源建设。

建立柔性负荷调节资源池。应用基于时间序列差异的负荷辨识技术，广泛开展资源摸排，构建空调、自备电厂、工业错峰检修可调节资源池，景观照明可中断资源池，充电桩、施工用电可转移资源池，作为电力供应紧张时期的优先调节对象。

实施景观照明和空调降耗。组织政府及商业综合体等有关单位，科学控制城市夜景亮化，严禁在景观照明中使用大功率泛光灯、大面积霓虹灯等高亮度、高耗能灯具。党政机关、企事业单位、商场超市等单位要积极响应节约用电号召，开展空调负荷管理，空调温度设置不应低于 26℃。

实施工业企业节能降耗。积极引导"两高"企业节能改造和用电灵活控制改造，组织开展工业企业能效诊断，推动企业淘汰高耗能设备，提升清洁生产水平及能源、资源综合利用水平。组织引导工业企业科学安排生产班次、错峰检修、拥有自备电厂的企业顶峰增发。探索弹性周休措施，引导生产负荷部分转向周末。坚决遏制高耗能高排放项目盲目发展，全面提升能源利用率。

开展居民节电活动。加强政企协同、广泛开展科学用电、节约用电宣传，开展线上线下节电活动。扩大"e 起节电"活动规模，加大电费红包激励力度，引导广大群众在用电尖峰时段错、避峰使用大功率电器，降低尖峰负荷，提高全社会运行效率。加强峰谷电价、居民阶梯电价的宣传力度，引导用户削峰填谷。

（三）工作成效

通过建设典型示范，目前柔性负荷资源池初具成效，建成了包括自备电厂、商业空调、工业空调、充电站、基建用电等多场景的柔性负荷调控机制。强化用户侧电源顶峰增发，争取自备电厂支持配合，推进公司计量采集改造，跟踪掌握所有机组检修计划，在迎峰度夏前完成检修，避免在度夏高峰期间发生非停事件。组织电气运维实力强、自备发电机容量大的企业参与稳发保供，协同用户制定离网自供方案，以确保安全为前提，在缺电阶段用户部分设备由发电机离网供电，降低用网电量。深度挖掘拥有 100 千瓦及以上发电机且电气运行经验丰富的企业，组织编制非重要负荷由发电机离网自供、以电网为备用的增发保供方案。

实施节约用电助力。强化景观照明调控，推进政府管理的景观照明精准调控，积极开展北国、万达等企业自管景观照明优化控制示范。积极对接各市照明管理处，贯通负荷管理系统与市政照明管理平台数据接口。积极参加政府"智慧用电科普基地"、国网"e 起节电"等多个节电项目，参与政府宣传活动 35 次。通过"线上 + 线下"的立体宣传渠道，鼓励居民参与节电行动，推动社会各界增强碳管理意识，共同营造低碳、环保的用电氛围。

通过积极探索电力负荷管理中心运营新形式，形成"1+2+N"市县两级负荷管理新业态。市、县两级负荷管理中心协同供电服务指挥分中心，积极提升供电服务水平，健全个案保供机制。市、县两级负荷管理中心积极开展非直供小区、敏感用户停、复电跟踪及督办工作，协同供电服务指挥分中心开展分级预警，特别是健全重要用户用电保障机制，构建重要用户不间断电源（UPS）资源池建设，保障突发事件下的应急供电保障。坚持政府主导，结合电力需求侧管理方案，对已签约顶峰检修调度协议的用户，开展专题走访，特别是调控潜力大的钢铁、水泥、化工等行业领域，开展一事一议，有力支撑高峰负荷响应需求。持续开展分路试跳及专线调控，强化营调协同控水平，有力地保障供电服务水平可靠提升。

第四章　提质增效

提质增效是企业高质量发展的重要目标。增动能是关键，实施数字、对标、产业"三个驱动"，用数字化转型倒逼观念变革、流程再造和技术创新，推进管理精益化转型，提升公司核心竞争力。增效益是重点，千方百计增加收入，提升投资精准性，做精预算、综合计划。降损耗是难点，以线损指标校验配网运营质量，明确国网、河北公司百强县示范目标，全力争取百强县、所位列河北公司前列。为此，石供制定了售电量提升、量价费"零差错"、线损治理、工程节点零延误、营配调数据贯通、现场反违章工作方案，从公司管理、项目管理、现场管理、数据治理等角度提升效能，推动公司提质增效。

一、售电量提升攻坚

（一）目标思路

建立售电量提升攻坚体系（见图 4-1），强化经营管理人人有责的意识，

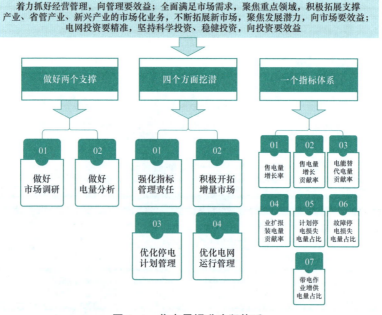

图 4-1　售电量提升攻坚体系

注重思想塑造和制度建立并行、正向激励与监督考核并重，引导全员负责、尽责，人人肩上有指标，着力抓好经营管理，向管理要效益；全面满足市场需求，聚焦重点领域，积极拓展支撑产业、新兴产业的市场化业务，不断拓展新市场，聚焦发展潜力，向市场要效益；电网投资要精准，坚持科学投资、稳健投资，向投资要效益；电网运维要精细，围绕提升设备利用率和减少停电时间等重点，加强设备负载率调整优化，拓展配网不停电作业覆盖范围，不断提高电量增供水平。

（二）实施路径

1.做好市场调研

一是细化常态化市场调研。每月开展常态化的市场调研，主要包括外部环境（经济形势和相关政策）、典型行业的市场形势、典型客户的生产情况等，将调研情况纳入售电量月度分析报告。二是集中开展年度市场调研。9~10月组织开展年度电力市场调研，密切跟踪宏观经济发展走势，关注各项稳增长措施的实施，把握重点行业发展态势，认真分析和预测电力市场需求变化，做好经营区域今、明两年电力市场需求的实地调研工作。三是重点做好典型市场调研。根据经营形势，7~8月选取典型县公司、典型行业或者典型用户，开展具有针对性市场调研，调研行业发展及客户需求。

2.做深电量分析

一是深化月度售电量分析。对基层单位月度售电量分析开展评价，提升分析质量和针对性。二是开展重点行业典型客户专题分析。根据行业用电特点，每月选取重点行业、典型客户，分析用电量变化趋势及主要原因，反映行业发展特性。三是研究大数据分析模型。结合大数据、人工智能的先进算法，启动大数据模型研究工作，开展售电量、负荷与因素多维度分析。开展基于聚类算法的经济、节假日、天气等典型因素对售电量、负荷的影响分析；开展基于深度学习算法的环保政策、疫情、煤改电等特殊因素对售电量、负荷的影响分析等，建立售电量、负荷预测分析模型。

3.强化指标管理责任，向管理要效益

一是强化售电量指标责任，督导基层单位强化责任落实，按期完成售电量指标，力争达到公司制定的攻坚目标。二是追踪售电量变化情况，开展常态化售电量预测工作，为相关部门提前采取有效措施提供依据。三是加强业绩考核管理，将售电量指标完成情况、增长率、贡献率及预测准确性纳入业

绩考核，按期通报工作实施成效。

4. 积极开拓增量市场，向市场要效益

一是全面应用"阳光业扩"全流程线上管控平台。贯通电力营销系统（SG186）、PMS、ERP 等各大专业系统，业扩全过程跨专业、跨部门线上流转，杜绝线下流转，提高协同效率，提升服务质量。二是深化营配融合，业扩配套电网工程实行"双经理"，对外，客户经理负责全程对接，解决客户各类需求；对内，项目经理负责协调内部配套电网工程建设、验收送电等各环节工作，进一步优化业扩配套电网工程管理流程。10 千伏业扩配套电网工程原则上在确定供电方案后 30 个工作日内完工。

5. 加强停电计划管理

一是建立完善停电计划"年统筹、月平衡、周分析、日管控"的工作机制，建立年度停电计划"任务池"，逐级分解形成月计划、周计划，坚持"能转必转、能带不停、先算后停、一停多用"，有效降低重复停电，增供电量。二是建立配网计划分级审批机制，对于"超次数""超时长""超百户""超范围""超安排""超预算"的计划，严格执行提级审批。三是强化临时停电审批。凡是涉及主网、配网设备临时停电的工作，均履行审批流程。

6. 积极推进带电作业

一是加大配网不停电作业装备和人员投入，推广应用人工智能带电作业机器人，常态化开展三、四类带电作业项目，全面推进配网工程施工检修由大规模停电作业向不停电或少停电作业模式转变。二是提升配电网不停电作业能力，试点开展配电网不停电作业外包服务，建立集体企业不停电作业"第二梯队"，扩大配网工程不停电施工作业范围，年内配网基建工程不停电施工单体项目不低于 10%，业扩工程不停电接火率达到 90%。三是综合运用"发电＋带电"技术，具备带电作业条件的配网计划停电需求必须开展带电作业，无法开展的进入审批流程，确保停电时长最短、范围最小。

7. 减少故障停电时长

一是强化配网精益化运维，加强设备运检管理和技术手段应用，积极推进降故障管控措施和自动化检测、监测技术。减少故障停电次数和范围，降低用户停电频度和平均停电时间，有效减少故障停电造成的电量损失。二是提升运维管理水平，持续开展线路综合治理，降低故障次数。三是优化配网

设备选型，强化技术监督，提升设备健康水平。强化用户侧故障隔离措施，降低用户故障对公用线路影响。

8.优化电网运行管理，减少电量损失

一是安排轻载变停备，降低变压器铁损。在保障供电可靠性的基础上，组织安排停备轻载 110 千伏变压器，指导县公司停备轻载 35 千伏主变压器。二是多措并举减少重复停电，增供电量。建立完善故障、计划停电统计校核机制，在源头杜绝重复停电。应用保护在线改定值技术减少停电。三是市、县两级调度协同，缩短主变压器、母线综合检修停电操作时间。整站及半站综合检修工作，在停电前完成配网出线负荷转移，停电开始后先将配网出线开关转热备用，主配两级调度开展主变压器、进线、母线及出线设备同时操作，压缩停电操作时间，将用户停电时长压缩 1 小时。

9."一个体系"夯实经营责任

面对紧迫的经营形势和既定的售电量增长目标，建立衡量各单位售电量贡献的指标评价体系（见表 4-1），切实做到"千斤重担人人挑，人人肩上有指标"，突出各专业内嵌融入，构建"目标可量化、措施可落地、责任可追踪、成效可核实"的管理闭环，推动经营目标在专业链中落地，形成工作合力，最大限度为实现公司售电量攻坚目标赋能。

表 4-1 售电量评价指标体系

指标名称	单位	指标定义	数据来源
售电量增长率	%	售电量增长率 =（本期售电量 – 去年同期售电量）/ 去年同期售电量 ×100%	发展部
售电量增量贡献率	%	售电量增量贡献率 = 售电量增加值 / 公司售电量增加值 ×100%	发展部
电能替代电量贡献率	%	电能替代电量贡献率 = 电能替代净增电量 / 本单位售电量 ×100%。电能替代净增电量，指已完成电能替代的项目，因电能替代项目实施而增加的电量，剔除自然增长因素	营销部
业扩报装电量贡献率	%	业扩报装电量贡献率 = 业扩报装净增电量 / 本单位售电量 ×100%。业扩报装净增电量，指业扩项目提前接电净增的售电量	营销部
计划停电损失电量占比	‰	计划停电损失电量占比 = 计划停电损失的电量 / 本单位售电量 ×1000‰。计划停电损失电量按照设备停电前的电量和停电时长折算	设备部

指标名称	单位	指标定义	数据来源
故障停电损失电量占比	‰	故障停电损失电量占比＝故障停电损失的电量／本单位售电量×1000‰。故障停电损失电量按照设备停电前的电量和停电时长折算	设备部
带电作业增供电量占比	‰	带电作业增供电量占比＝带电作业增供电量／售电量×1000‰。带电作业增供电量＝Σ（每次带电作业时间×每次不停电用户数×统计期间不停电用户的用电量）	设备部

（三）工作成效

2021 年，售电量 484.06 亿千瓦时，同比增长 6.95%，开拓智能楼宇、整县光伏运维等项目，完成电能替代项目 2254 个、替代电量 16.56 亿千瓦时，综合能源创收 1.56 亿元，实施配网不停电作业增供电量 1530 万千瓦时，均排名河北公司第一。

2022 年，售电量 517.24 亿千瓦时，同比增长 7.01%，替代电量 15.23 亿千瓦时，消纳业扩结存 228.75 万千伏安，接电容量 594 万千伏安，接电效率同比增长 15%，增供电量 11.1 亿千瓦时，均排名河北公司第一。

2023 年，售电量 585.34 亿千瓦时，同比增长 13.17%，增长贡献率为 30.34%，增长量、贡献率均排名河北公司第一；实施电能替代项目 232 个，完成电能替代电量 8.6 亿千瓦时，开展配网不停电作业 8486 次，增供电量 1920.1 万千瓦时，累计消纳结存 172.24 万千伏安，业扩新增用户贡献售电量 20.66 亿千瓦时，电量增长贡献率 30.34%。

二、量价费"零差错"

（一）目标思路

依据国家相关法律法规和公司营销管理制度，完善工作制度、细化工作流程、强化工作问责，将"零差错"要求贯穿营销各项工作全过程，建立"量价费"零差错管理体系（见图 4-2），高标准、高效率、高质量做好营销工作，夯实基础管理，持续提升"量价费"关键指标表现。

按照"试点先行、动态考核、分批推广"的建设模式，发挥先进引领作用，以点带面、全面提升。按照"市区供配电中心＋县公司"建设模式，以

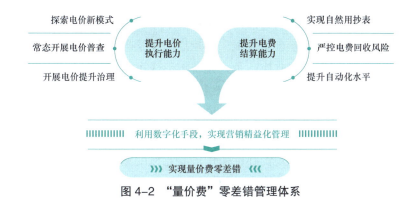

探索电价新模式
常态开展电价普查
开展电价提升治理

提升电价执行能力

提升电费结算能力

实现自然用抄表
严控电费回收风险
提升自动化水平

‖‖‖‖‖ 利用数字化手段，实现营销精益化管理 ‖‖‖‖‖

››› 实现量价费零差错 ‹‹‹

图 4-2 "量价费"零差错管理体系

"量价费"零差错为统领，电量抄录、电价执行、电费收取差错率"3 个零"为目标；建立多专业协同配合、完善管理措施、健全激励考核 3 个保障措施；完成 6 个"100%"重点攻坚任务，实现高标准示范区建设。

（二）实施路径

1. 数字营销

秉持"打破专业壁垒，实现专业融合；打破层级壁垒，实现业务集约；打破信息壁垒，实现数据贯通"的建设原则，建成分专业、分层级的营销业务数字化风险防控体系，实现重点业务、关键环节监控主题全覆盖和营销业务风险预警全闭环。

聚焦电费、计量、业扩、线损等营销核心专业，实现 16 个业务类别 315 项的监测。指标系统通览，实现业务数据可观。融合用电信息采集系统、营销稽查业务平台、营销业务应用系统等多个营销应用系统，实现电费、计量、线损等多个专业的指标数据一系统统揽及多专业指标监控融合。异常分类管控，实现业务风险可控。按照专业管控模式，设置自动派发、自动归档等三种管理模式。自动派发自动归档模式，利用系统自动效验，使基层人员专注于异常数据处理。通过异常分类管控，实现了营销基础管理的风险可控，有效减少了营销专业基础管理的不规范度。系统融合贯通，实现管控纵深基层。打通智能用电全业务平台与供电所综合管控平台，贯穿智能用电全业务平台督办流程与供电所综合管控平台工单池，实现市县所三层管控。自动预警提示，实现关键环节提示。针对关键环节，设置自动预警，以短信和工单两种形式，实现环节预警提示，以业扩专业为例，业务受理当日未流转，每日系统自动筛选异常，并同步将异常信息发送至业扩管理人员手机，提示尽快处置，避免超期。**专业管理痕迹化，实现管理痕迹可溯**。搭建营业厅音视频监控工作台，实现监控任务自动分配、监控痕迹化管理，市、县两级监控人员每日对营业厅进行音视频监控，录入系统，形成可追溯监控记录。市级每周评价分析县级自查质量，并利用监控数据进行监控违规整体分析。

数字营销实现业务提升。辅助支撑能力升级，开展营销专业深度透视和分析，提升辅助支撑能力，通过发布各类分析报告及时掌握重点任务进展，实现全方位有力督查、有效督办，强化多专业深度分析为营销专业提供辅助参考和决策支撑。**业务管控能力升级，**通过异常分级管控，实现业务风险可控，营销专业基础管理得到有效加强，实现"两降一升"。**服务管控能力升级，**通过营业厅音视频监控，服务场所的服务规范水平得到有效提升，在供电服务通报中，公司营业厅视频监控问题数量最少、排名第一。**堵漏增收能力升级，**通过强化业务风险管控，实现问题靶向治理，为公司堵漏增收，稽查经济效益及反窃追补金额，均在河北公司排名第一。

2. 电价执行能力

（1）"三个一"探索电价管理新模式。打造短期理论电价分析模型，模型筛查出的异常通过智电平台派发并督办各单位整改进度，每月通过量价费劳动竞赛对各单位电价提升情况进行评比，鼓励各单位主动整改提升电价水平。**建设理论电价模型。**利用近年电价完成结果建立行业、设备利用率、居民、农业电价模型，形成各区域理论电价模型。同时筛查出偏离异常用户明细，供各单位开展整改。发现电价行业类别选择错误、执行异常等多种档案异常问题，进一步规范营销基础档案数据。**"防、查、改"三位一体协同发力。**依托理论电价模型、智电平台、稽查信息系统，成立电价分析、电价管控、现场直查三个工作小组。选取技术骨干和先进典型担任组长，带领团队攻坚克难，建立"三位一体"工作体系，严"防"源头差错，彻"查"问题根源，促"改"扎实到位，助力电价提升成效。**单位联赛促提升。**分年份制定《量价费零差错示范区》《量价费零差错示范区攻坚提升》《量价费劳动竞赛工作方案》，以"量价费"零差错为统领，推进营销基础建设，提升人员基本能力。各供配电中心、各县公司、供电所之间横向开展竞赛。按照工商业售电结构划分为4组，根据基本费贡献度、输配电价、峰谷含量、力调含量的同比增减情况进行评价，每组与组内标杆单位找差距、定措施，鼓励主动整改电价问题并追收电费行为，对工作成效不明显、电价提升慢的纳入业绩考核，激励各单位主动挖潜增效。

（2）专业协同，常态开展电价普查。落实新装用户核定责任。业务受理人员受理用电申请时要及时将相关信息录入营销业务应用系统。现场勘查人员负责核实客户负荷性质、用电容量、用电类别等信息，结合现场供电条件，初步确定供电电源、计量、计费方案。对于同一企业法人、同一营业执照、同一用电地址出现两个及以上的用户，引导用户办理增容手续。在用户每一个受电点内按不同用电类别，分别装设电能计量装置，以保证不同类别电价的准确计量。电能计量装置的配置，应符合峰谷分时电价、基本电费及功率因数调整电费政策的执行要求。**明确用电检查专业职责。**用电检查人员现场检查时，应仔细了解用户现场用电情况，发现用户擅自改变用电类别、行业分类，应及时制止并出具相应业务工作单，纠正用电类别，追究其违约责任。现场核定后，重新确定用电类别、行业分类、销售电价标准、分时电价类型、功率因数调整标准。新装用户送电后 3 个月内，用电检查人员完成首次现场核查，确保系统档案与现场一致，严控电价接入差错。**完善电价三级会审机制。**实行"首办"负责与"现场勘查、用电检查、信息审核"三级专业复核相结合的管理机制，现场勘查人员在工单归档前协调电费电价人员核实计费方案中计费参数的准确性，含电价类别、力调标准、分时电价标志、电能表示数类型是否齐全。**规范表计时段准确校核。**计量专业负责对表计时段与电价政策执行一致性进行校核，工单归档后 1 日内完成表计时段调整。计量专业定期对换表用户时段进行核查，确保峰谷时段、示数类型与用户实际业务相符。**常态开展周期核查。**以"固基础、抓稽查、挖效益"为主线，坚持问题导向、源头治理，开展电价普查工作。紧跟电价政策调整趋势，聚焦灵活两部制电价、阶段性降费、峰谷电价、力调电费、定比定量等突出问题，完善普查内容。**执行差错溯源分析。**针对典型问题，各单位电费电价人员牵头对查出的问题剖析成因，查找管理漏洞，制定有效整改措施并规范管理要求，总结典型案例，提出防控治理建议。对于造成公司经济损失的涉费问题，溯源最后落实人员，严肃考核，做到发现一户解决一类问题。

（3）挖掘增长点，开展电价提升治理专项行动。**查找电价增长点。**根据工商业结构划分为 50%~60%、60%~70%、70%~80%、80% 及以上共 4 个组，每个组以电价最高的单位作为标杆，每月与标杆进行比较和分析，查找薄弱点。结合不同维度电价模型，重点关注低于平均值的用户，优化异常核查规则，逐户核实用户运行方式、现场容量等因素，查找电价增长点。**多维度设立专项主题。**针对设备利用率高、峰谷减收、力率减收、居民大电量等设立专项稽查主题。提升分析颗粒度，通过相同行业类别、相同区域等不同角度，对重点用户开展针对性治理措施。**制订月度工作计划。**针对电价提升各主题内容，结合季节性特点，每月有针对性开展异常核查。指导用电检查、营业、稽查专业围绕增供扩销、堵漏增收有针对性开展工作。开展电价异常治理。借助智电平台实施电费电价工单管控。采用"工单化下派、线上化督办、痕迹化闭环"方式督促属地单位将异常问题限时治理，专业业务责任溯源留痕。对电价执行错误，只整改未追收的异常，与稽查联动，通过稽查派单的方式下发追退相应费用，形成一套完整的电价筛查—整改—追收闭环整改体系，确保电费电价管理"质、效、责"有效落地。打造电价监测数据产品，通过平台监测电价执行正确性，用户用能负荷异常情况，组织相关人员走访排查不合理用电情况。异常明细全流程通过系统派单、现场核查、资料归档、成效分析闭环管理，实现异常用户现场核实闭环管控。实时更新电价政策库，在报装环节增加电价推荐功能，实现用电类别与用户实际用电性质自动匹配，减少方案人员电价政策掌握不及时，造成新装用户带病归档，进一步提升电价执行水平。

3. 电费结算能力

（1）实现采抄融合、自然月抄表。落实市场化电价改革，优化流程，构建"提前消缺、小时盯办、闭环管控"工作机制，完成全量 568 万户购售同期。关口前移，提前消缺。提前开展异常校核、故障消缺、数据拟合、白名单核抄，涉及计费、计量参数变化的，归档后 2 日内完成异常整改，严禁档案错误进入核算环节。小时盯办，分级审批。按照"低压用户三级管控、高压用户逐级上批"审批原则，严把异常工单审核关。智电平台每两小时督办工单回复进度，异常审核 36 小时内完成核实回单，未发生超期工单，平均电费发行时长 1.42 天，自动核算发行率提升 5.54%。平台督办，闭环管控。强化核算全过程管控，发行完毕后通过智电平台对事中异常进行复盘，事后异常开展现场核查，每日督办整改进度，异常处理闭环管控。严格退补流程管理，详细说明退补原因和计算过程，逐级审核后处理。常态开展营销系统表计示数类型、执行电价、基本电费、峰谷电价、功率因数调整电费、变损等档案规范性核查与整改。

（2）电费回收成效显著。强化电费回收风险防控。通过费控系统"日抄日核"功能开展风险客户监控，对高耗能、月均电量 100 万千瓦时以上客户逐户制定"一户一策"方案，每月动态调整。建立欠费监控信息，对于经营困难、存在欠费苗头的客户，及时采用抵押、质押、担保、以物抵电等催收手段；对于欠费客户，采用申请支付令、诉讼等法律手段催收；对于无控制措施随时有可能关停的客户，采用分次结算方式催收。转变催费观念。以"发行即清零"为目标，以"日抄日核日监控"为手段，以月度绩效激励为助力，严守电费结零底线。转变催收观念，测算余额不足并提前开展催收，每日筛查余额不足用户明细，关注远程费控停复电情况，存在停、复电不成功的，转派相应专业处理异常，减少人工催费次数。对无法远程控制用户，按照统一催费话术，做好上门催收。近半数单位电费发行完毕即完成回收任务。依法签订电费结算协议。新供电营业规则增加了"逾期未交付电费超过三十日，经催交在合理期限内仍未交付的"可终止供电条款。未签订电费结算协议的用户，电费回收周期更长，回收风险加大。梳理电费结算协议签订情况，采取新增用户全部签订、存量用户逐步完善的方式，确保全部用户签订电费结算协议，缩短回收风险。分类开展催收。针对欠费 50 万元以上高压用户，通过"红橙黄蓝"四色预警监控用户缴费进度，低压客户推行电费提醒、欠费预警、停电、复电自动完成，智电平台每日对复电及时性提醒与督办，及时开展电费催收。推行购电制。建立"欠费每日筛查、属地电话催收、费控有序停电"电费监控机制，推行购电制，针对未安装开关的、开关故障的、临电小区、欠费高风险等工商业后付费用户进行梳理，逐户制定分次结算、购电制推广等转预收工作措施，转变后付费模式，实现电费发行后快速回收。电费回收提级管控。距离回收期 7 天仍有欠费超百万的用户，由属地单位主要领导负责催收，5 天的由市公司营销部负责督办、协调，3 天的由市公司主管领导负责督办。根据阶段特性，分阶段提前对供暖、疫情、财政支付等用户制定应急回收措施，及早开展催收。监控违规行为。日监控、周通报的方式对电费账务不规范行为进行监控，将个人账户缴存电费、解款不及时、入账不及时等人员违规行为纳入电费回收评价指标。

（3）持续提升自动化水平。多渠道提高自动对账水平。依法合规推行"分次划拨、分次结算、电费代扣"等灵活多样的结算模式，大力推广企业缴费、银行代扣等缴费方式，提高自动对账比率。严格按照财务流水到账确认，每日及时销账，不发生不明款项。每月自动化对账率 99.9% 以上。加强日终收费入账管控。收费人员负责每日柜台和自助机收取的现金日终解款并存入银行，营业厅滞留现金要每日盘点并存入保险柜。严格电费票据管理，电费发票通过营销内网开具，不得虚开增值税发票。销户退费滚动清理。整合销户、退费流程，一次性办理。在销户同时用户可以选择退费、预收互转或放弃，同时提交相应的资料，用户预收余额未清理之前，不允许销户流程资料归档。减少销户后无法联系到用户的情况。加强日常销户用户监控。对销户后超三个月仍未退费的尽快联系用户，提交正确资料办理，缩短销户预收用户退费时间。如超一年以上用户需要退费的，从营业外收入转回并当天发起退费流程，力争两周内完成退费。**远程停复电处理及时**。实施停电指令"实时监控，提级管控"措施，不发生超时复电。现场换表与客户核实确认联系电话，防止用户无法收到提醒短信；每半年核对用户联系方式，重点对远程费控无联系人或同一电话绑定多户情况进行核对。

（三）工作成效

2021年，销售电价完成567.12元/兆瓦时，电费回收率保持100%。稳妥推进电价改革，对43万高低压工商业用户开展宣传引导、政策解释，与全部2.96万高压用户签订代理购电协议，加强临电、违规转供电小区的风险防控和舆情监测，圆满完成首轮工商业用户自然月抄表、电费发行及回收任务。

2022年，销售电价完成619.69元/兆瓦时，电费回收率保持100%。石家庄地区全量568万电力用户实现购售同期，自动对账率完成99.83%，采抄成功率99.99%，现场补抄率低于万分之0.06，平均电费发行时长1.42天。

2023年，销售电价完成623.35元/兆瓦时，电费回收率保持100%。以劳动竞赛促进挖潜增效，10名员工被评选为量价费竞赛先进个人。

三、线损治理攻坚

（一）目标思路

坚持效益、效率优先原则，大力推进经营提质增效行动，以同期线损"十强百强"创建为抓手，以线损精细化管理为目标，以强化理论线损计算为基础，以提升经济运行水平为主线，开展线损治理提升行动（见图4-3），推动治理能力和经济效益再上新台阶。

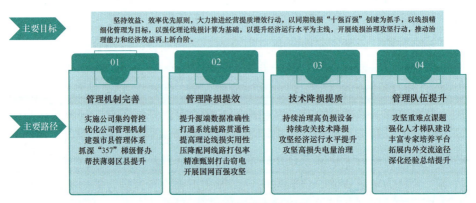

图4-3 线损治理攻坚思想

（二）实施路径

1. 推进管理机制完善

（1）**实施集约管控**。建成"监控集约化、协同专业化、管理一体化"的线损管控体系。实施集约化管控，成立由主要领导牵头、分管领导亲自协调的攻坚领导小组，组建公司级线损管控柔性团队，建立"全环节、全区域、全时段"线损监控机制，明确"市、县、所、网格、线路、台区"六级责任，形成"监控—通报—督办—反馈—验证"常态化管控模式。

建立公司级线损监控指标体系，研究拓展监控内容，完善日通报、周通报模板。开发辅助监测与闭环管控平台，实现线损异常自动分析、自动预警、自动派发工单、自动验证治理成效的线上闭环监测治理模式。开展新接入光伏影响线损情况监控、评价，依托实时量测中心数据，实现高负损、非经济运行重点线路的实时监测，自动提示预警并推送异常。

（2）**优化管理机制**。突出专业化协同，完善发展统筹、多专业协同、横纵联动的"全专业、全方位、全过程"管理机制。发展部统筹各专业，对分区、分压、模型变动、理论线损、经济运行等同期线损指标进行常态化监控、通报，对出现反弹、排名落后的指标，督促分管专业进行整改，对专业管理不作为的，派发工作联系单，提出考核意见。多专业协同落实治理责任，专业垂直管控、主动担当，根据不同阶段管控重点，弹性组织市县各相关专业线损专责人召开"日例会"，定期跟踪、晾晒问题解决进度。加强对工作协同的考核，各专业牵头部门的工作涉及需要其他部门和单位协同配合的，通过考核申诉的办法来严格监督跨部门的协同情况。横纵联动推进"数据责任制、网格化管理制"落实，按照六级责任体系精细管理、精准分析、精确治理，形成业务协同和全方位、全过程管控的线损管理体系。

（3）**建强市县管理体系**。开展一体化建设，明确基层单位线损管理机制要求，在各基层单位开展本单位制度、体系建设。优化公司级线损管理机制，完成"四分"线损指标绩效考核专项条款，"百县千所"提质增效线损指标、线损对标指标等相关评价方式的修订，构建激励约束长效机制。由公司线损管控中心每月开展基层单位线损管理体系运转情况评价，督促各单位健全监控通报机制、治理反馈机制、考核机制等，落实线损监控、治理责任，保障基层线损分析治理工作有序开展。

（4）**抓深"357"梯级督办**。强化督办闭环。基层单位严格管控连续 3

天以上的高负损设备，专业管理部门每日对连续高负损设备情况进行通报；公司每日对连续高负损超过 5 天的设备逐线路、逐台区进行督办，完善异常原因和治理时限反馈机制。在线损周例会上，通报本月以来累计超 5、7 天的线损异常清单，对于仍未有效解决的问题，由专业部门专题分析，汇报解决措施和解决时限。强化沟通协调。建立各级领导协调解决机制，着重解决超期治理或跨专业的问题。超过 3 天未治理或涉及本单位内部跨专业的、需要与上级部门沟通的由各基层单位领导协调解决；超过 5 天无法处理的异常或基层单位领导协调解决没有成效的问题由专业部门领导协调解决；需跨部门、跨专业协调的问题由公司领导协调解决。强化总结评价。由各专业对异常设备数量最多的落后单位分管领导进行约谈，对 5 天以上高负损线路、台区均清零的单位予以通报表扬。对于管控过程发现的典型性或共性问题，专业部门牵头开展专题研究，及时进行经验共享，提升工作人员异常排查能力，避免人为原因导致的问题反复出现。对超时治理的问题落实相关考核。

（5）帮扶薄弱区县提升。开展线损管理结对帮扶、薄弱单位内部帮扶，以及驻点、定点帮扶行动，以线损管理提升为目标，根据高损线路及高损台区占比排名、百强县或百强所排名等情况确定帮扶对象和帮扶目标，制订帮扶计划，帮扶部门或单位及时对被帮扶单位线损管理现状进行调研，与被帮扶单位共同制定提升方案，对于薄弱区县给予人力、资金、技术降损项目倾斜。组织相关专业进行驻点帮扶，实施现场协同动态督导，进行现场问题诊断分析，以问题为导向开展现场勘察、讨论、分析，确保问题得到有效解决，加快指标提升。对于理论线损推送等系统操作、业务流程错误问题，帮扶部门或单位针对被帮扶单位进行专业培训，实现线损管理水平共同进步，并定期开展帮扶成效评价。

2. 推进管理降损提效

（1）提升源端数据准确性。持续开展"站—线—变—户—表"营配关系异常治理，全面梳理并整治挂接关系不正确、系统与现场不一致等异常问题，由供配电中心每周对各单位"站—线—变"治理情况进行通报，完成线路和台区的源端基础整改工作。结合国网公司要求，完善理论线损典型参数库。组织梳理现有配电变压器型号参数与实际不匹配的情况，针对存量导线、电缆、变压器等设备，完成型号参数与统一标准型号库匹配；针对新增设备，在源端系统根据标准型号命名规则进行型号维护，增加理论线损计算模型的准确性。

（2）**打通系统链路贯通性。**学习借鉴其他网省公司源端数据推送失败等问题处理方式，进行统一部署，解决 PMS 推送至一体化数据丢失、解析不成功等问题。建立与系统平台和厂家的沟通支撑机制，梳理线损指标涉及的各个平台或厂家的清单、专业对接负责人等，通过技术协商方式，定期组织召开问题协调会，解决因换表记录推送不成功等系统原因产生的指标问题，将系统原因导致的连续异常清单个数清零。

（3）**提高理论线损实用性。**依托营配数据治理，每月校核变压器营配对应、所属线路、容量、型号、状态等关键数据异动情况，针对指标变化出现的异常，重点筛查、定期通报、严肃问责，逐步推动档案模型、设备参数与现场一致，确保理论线损结果准确。**开展主网理论线损指标提升攻坚行动。**构建与系统厂商运维、开发人员的常态沟通机制，协同分析主网理论线损计算涉及模型建模、参数完善、设备挂接方式、模型对应性、用采系统主副表双倍电量等五大类典型问题。不断提升主网状态估计数据文件（QS 文件）质量，完善 QS 文件中缺失模型信息，核查设备模型参数，规范全电量系统数据监视、分析和消缺管理要求，提升量测数据采集准确性。**夯实配网理论线损基础。**提升配网理论线损赋值率，开展中、低压配电网基础档案模型、设备参数、运行数据源端治理，确保配网理论线损指标保持满分。**常态开展理论线损分析。**建立月度典型日理论线损计算分析机制，针对线损异常元件开展同期线损与理论线损对比分析，优化制定降损方案，加强投入产出分析，优先实施费效比高的降损项目。

（4）**压降配网线路打包率。**编制 10 千伏配电线路打包率治理三年提升方案，**强化市区打包率指标监测分析，**建立日分析和日通报机制，细化过程管控，及时解除非必要打包线路。对于确实需要打包的线路，如超过 5 天或预计超过 5 天，开展档案维护，线路拓扑按照实际运行方式重新修正，并进行拓扑准确性校验。在现有设备水平和运维模式基础上，推进 10 千伏联络计量功能实现，加快一二次融合开关计量试点推进进度。

（5）**精准甄别打击窃电。**加强违窃线索分析，结合高损治理，定期开展高损设备的后台透抄工作，通过零电量核查、零火电流比对、电量变化，定位疑似窃电用户，提升线损治理工作效率。强化稽查、用电检查等营销内部专业协作，提高反窃查违人员技能水平和处理规范化水平。深入开展警企协作，推动窃电入刑落地，通过宣传营造良好供用电氛围。优化反窃电筛查规则模型，推进综合台区低压电力线高速载波通信（HPLC）模块全覆盖，针对性开展重点区域普查、限期督查、联合突查、远程分析直查。

（6）开展国网百强攻坚。**持续开展指标提升。**各单位每月对照百强评价标准，查找落后指标、管理短板，制定整改提升方案，进一步提升理论计算质量，做好档案参数、低压台区拓扑及源端系统图模校对。**严格核查百强数据。**不定期对模型数据开展核查预警，对在河北公司、国网公司开展的人工干预核查中被通报的单位进行考核、问责，并对所在单位领导进行约谈，确保百强指标干净、成绩真实。**开展百强创建帮扶。**开展"一县一案"专项提升行动，组织各单位对照示范单位建设评价标准，查找落后指标、管理短板。对落后县、所，实施结对帮扶，对百强弱势指标实施专业上下帮扶，通过人才培养、技术指导、资金倾斜等方式，消除百强"空白点"，提升覆盖率。

3. 推进技术降损提质

（1）**持续治理高负损设备。**持续开展高负损设备日督办，每日下达督办工单，当日开展验证处理，实现"监控—排查—治理—反馈"闭环管控，根治长期异常设备。针对长期损失电量较大的设备，结合理论线损计算分析，及时锁定高损原因，靶向开展治理提升。针对长期处于小负损或小负损波动的设备，从线路结构和负荷调整方向考虑对策方法，进行技术降损。提升对违窃用电、采集失败、计量故障等问题的排查效率。压缩治理时限，消除连续7天以上高负损线路、台区。

（2）**持续攻关技术降损。**坚持"先算后降"的治理理念，考虑网架布局、运行方式优化、设备选型、线路改造、负荷切改等因素，确定配电网降损改造原则，总结经济适用、容易实施的降损措施，形成一批示范成果，提高节能降损工作质效。开展降损效益分析，基于降损项目挖掘和降损潜力分析结果，从节电量、经济效益等维度，构建降损评价指标体系，提高降损项目效费比测算的针对性和合理性。

（3）**攻坚经济运行水平提升。**紧盯非经济运行设备，开展顶层分析，摸索规律，梳理问题清单，细致分析非经济运行的原因，提出改造计划，结合重过载治理、低电压治理、负荷切改、高供低计改造等专项工作制定提升措施。**开展经济运行专题分析。**组织开展规划线路经济运行分析、新建非经济运行线路分析等专题分析，研究影响线路、台区经济运行的主要因素。按照"先计算后接入"的原则，营销部、发展部做分布式光伏接入方案前要组织开展计算，分析新并网光伏对线损的影响，若因光伏接入造成高损，调整接入方案或同步制定并实施线路、台区改造方案。将新并网光伏造成非经济运行的情况纳入月度业绩考核。组织开展长线路切改专项治理。梳理因线路过长引起的电压偏低、线路损耗较高等问题。制定"一线一策"，考虑采用分支切改、安装补偿设备等方式制定治理措施，分批次纳入改造计划，减少电量损耗。持续开展高供低计改造治理。加快实施高供低计改造项目，督促治理进度，验证改造成效，确保治理后设备处于经济运行水平。并对治理进度及成效进行评价，根据评价结果追加项目安排。

（4）攻坚高损失电量治理。以高损失电量设备为问题导向，梳理形成问题清单，建立"领导包干制"和"限时销号制"，持续开展监测分析。每月梳理日损失电量 500 千瓦时及以上的非经济运行线路和日损失电量 50 千瓦时及以上的非经济运行台区清单，下发至各基层单位开展原因分析，找出症结，提出治理措施，制定领导包干计划。针对日损失电量 3000 千瓦时及以上的非经济运行线路和日损失电量 100 千瓦时及以上的非经济运行台区，开展"357"常态督办，限时销号。

4. 推进管理队伍提升

（1）攻坚重难点课题。探索新形势下线损影响分析，包括购售同期新模式下线损管理模式的变化，新型电力系统下"高比例、高渗透"新能源并网和消纳对公司主、配网线损影响研究，探索新的降损路径。针对特殊性问题开展专业研究，如农排高损治理研究分析、三相不平衡引起的台区高损治理研究等。

（2）强化人才梯队建设。创新培训形式。深化同期线损系统应用、强化专业协同的综合性线损培训，打造多专业精通的线损专业人才队伍。发布《线损管理作业指导书》，推广线损治理标准化作业流程，全面提升线损分析能力和线损治理技术水平。用好专家团队。依托市、县两级多专业协同的线损治理专家团队，针对重点、难点问题，以及长期、重复异常问题，开展集中诊断、分析和现场帮扶。开展技术比武。进行队伍素质综合比拼，通过团队合作定位异常、典型案例分析等，评选综合评价优秀和成绩提升显著的单位、个人，提升石供各专业线损管理人员业务素质和问题处理能力。

（3）丰富专家培养平台。系统性开展专家人才培养，制订专家人才培养计划，建立省、市、县三级专家人才培养梯队，搭建各级专家人才成长平台。鼓励专家人才承担重点课题研究，制订理论研究成果产出计划，力争在线损专业论文、专利、专著的数量及质量上取得突破。

（4）拓展内外交流途径。摸排分析外省各地市线损管理经验，制订专题调研清单，组织相关专业赴先进地市调研学习典型经验做法。建立定期赴基层调研交流机制，按月度制订调研计划，了解基层线损管理重点工作，落实推进情况及存在问题，不定期在各基层单位召开典型经验分享会。建立县公司之间交流学习机制，推动各单位互相学强项，找差距、补弱点，促进石供线损指标快速提升。

（5）深化经验总结提升。开展线损劳动竞赛。以关键业绩考核、百强创建、重点工作落实为基础，以竞赛为载体，建立"分专业统计＋综合评价"的劳动竞赛评比机制。以赛促学、以赛促用，全面提升线损管理队伍业务素质。经验总结共享。每月利用月度分析会对典型经验进行分享，在管理制度中形成滚动固化机制，巩固治损成效，促进专业管理提升。不定期在各基层单位召开典型经验分享会等，推进先进做法官方应用。创新成果提炼。对创新的管理机制、自动化线损异常监测方法、智能化异常定位分析方法进行总结提炼，积极申报管理、技术创新。宣传成果发布。结合治损成效、竞赛成果、典型经验等，在公司网站、线损专栏进行宣传。对评选出的先进单位、线损达人策划宣传方案，通过小视频、小故事，宣贯、分享典型经验和做法，形成良好争先氛围。

（三）工作成效

2021年，公司综合线损率3.8%，同比降低0.59个百分点，高损线路、台区占比分别降至1.21%、0.45%，高损设备占比指标和国网"百强县"数量在河北公司实现双领先，国网"百强所"实现零的突破。

2022年，公司综合线损率完成3.1%，同比降低0.7个百分点，累计根治长期高损台区46个，线路、台区高损占比分别降至0.87%、0.36%，线路、台区经济运行率分别提升至80%、74%，排名河北公司第一。在国网同期线损管理中，15个县公司累计入围"百强县"79次，72个供电所累计入围"百强所"196次。其中，高邑公司9月以唯一满分成绩排名国网"百强县"第一名，所辖供电所实现"百强所"全覆盖；桥西供配电中心率先实现本部"百强所"历史性突破。

2023年，公司综合线损率完成2.73%，同比降低0.37个百分点，年度线损率首次破"3"。线路、台区高损占比分别降至0.52%、0.27%，线路、台区经济运行率分别提升至84.79%、91.09%。在国网公司同期线损管理中，公司入围"十强市"7次，入围次数稳居国网省会公司第一名；17个县公司累计入围"百强县"116 次，实现"百强县"全覆盖；126 个供电所累计入围"百强所"595 次，全公司线损管理水平和治理能力有效提升，站稳国网公司"第一方阵"。

四、工程节点零延误

（一）目标思路

确立"清存量、控增量"的工作目标，逐步推动落实并深化工程节点"零延误"工作方案（见图 4-4），综合计划执行实现质效双提升。

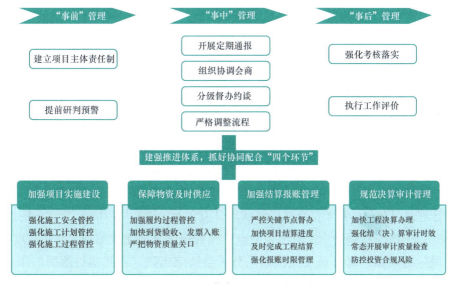

图 4-4　工程节点零延误工作思路

（二）实施路径

1. 抓好"事前"管理，确保职责明确

（1）**建立项目主体责任制**。各专业部室按照职责分工，作为项目节点责任主体，负责项目的物资招标、服务招标、建设施工、竣工决算等阶段全过程管理。结存遗留项目按照"一项目一方案"制定更加细化的项目节点管控方案，新选取项目打捆制定节点管控方案，包括：在项目重要节点中细化制定的可管控阶段节点，节点管控的责任部门、责任人、完成时间、保障措施等内容。相关方案需由县公司主要领导或市公司分管领导签字、盖章确认，

并报送公司备案。

（2）提前研判预警。专业部门按照项目节点及任务分工，各负其责，通过智能运营监测分析平台（简称"监测平台"），常态化开展项目节点监控，督促项目实施单位加快项目实施进度，对即将到期的项目节点提前预警，协调督导专项执行。

2.抓好"事中"管理，优化管控环节

专业管理部门对项目节点和专项投资进度进行"全过程"管控，各司其职，各负其责，加强与相关部门协同配合，通过定期通报、协调会商、督办约谈、申请调整等机制，督促加快综合计划专项执行进度。

（1）开展定期通报。专业管理部门、县公司定期进行专项计划、综合计划执行情况分析，按时报送综合计划月度分析报告，及时总结现阶段存在的问题，并提出相应的解决措施。通过经济活动分析会或月度例会对专项投资进度和县公司综合计划执行进度进行通报，并且通过研判，分别对投资进度存在滞后风险、本月及下月项目节点存在超期风险的部门、单位发出预警，提醒相关部门、单位做好投资进度和项目节点管控，避免出现项目执行进度滞后的问题。

根据专业管理部门对项目执行进度管控情况，对项目节点执行情况进行双周通报，同时专业管理部门按要求反馈综合计划投资进度、综合计划物资收发统计表。对于存在滞后节点较多或长期滞后仍无法完成的项目，相关专业管理部门在公司月度例会或经济活动分析会上对计划执行情况作专题汇报。

（2）组织协调会商。对项目节点、投资进度预期完成困难，存在进度滞后风险的问题，每月通过经济活动分析会协调解决，督导执行落后的项目；针对存在的问题制定提升措施，降低项目执行进度滞后风险。对于责任追究不清、持久拖延影响项目执行进度和投资进度的问题，由专业管理部门牵头，相关部门配合，共同商定解决办法，达成一致意见；重大问题解决办法需经分管领导确认，推进项目实施进度，避免将来出现类似问题。

（3）分级督办约谈。发展部对滞后项目节点清理、投资进度滞后的相关部门、单位下发督办单，由专业管理部门、县公司主要负责人对其进行督办，3日内向发展部反馈督办结果或解决措施；对仍无法达到综合计划管控要求的部门、单位，结合具体工作情况，由专业分管领导对其部门主要负责人进行约谈，协调相关部门，统筹全局力量，共同制定解决办法。

（4）严格调整流程。受外部不可控因素影响，专业管理部门需提前预判可能超期的项目节点，提前1个月提出节点计划调整申请，经分管领导审核

批准后，报河北公司相关管理部门批准；待河北公司同意项目调整节点后，专业管理部门按照新的节点计划制定推进方案，确保按期完成。

对不满足财务预算管控要求可能无法关闭的项目或预算下达不足的项目，专业管理部门应提前组织项目实施单位梳理项目明细，由专业管理部门向公司财务部统一申请项目预算调整。

3. 抓好"事后"管理，提升工作质效

（1）**强化考核落实。**将综合计划投资进度、项目节点计划执行情况纳入业绩考核。对提前完成节点任务、专项投资计划的部门、单位给予专项奖励；对于工程节点长期滞后（超过 60 天）、专项投资进度连续两个季度未达到管控要求的部门、单位给予双倍惩罚。对无法按期关闭的项目，除去受外部不可控因素影响外，公司将倒查原因，经工程节点零延误工作领导小组通过后，对相关专业管理部门考核。专项投资进度以河北公司专业管理部门统计口径、计算方法、数据来源为准。对未达到专项投资进度、影响公司综合计划执行进度的专业管理部门进行考核。

（2）**执行工作评价。**加强工程节点零延误工程物资招标、服务招标、实施建设、竣工决算 4 个阶段的项目"事后"管理，对综合计划执行情况进行评价，重点查找执行过程中存在的问题，专业管理部门应制定切实可行的防范措施和建议，重点解决实际困难和问题，为后续综合计划项目执行提供参考。同时，评价结果闭环反馈指导专业管理部门提升管理效率，规避投资风险，指导次年目标任务和计划安排。

4. 建强推进体系，抓好协同配合"四个环节"

聚集工程实施、物资供应、项目结算、工程审计四个环节，抓好组织协调，破除项目堵点，重点抓好施工计划、施工过程管控，保障物资供应及时充足，加强结算审计、决算审计时效管理，确保工程顺利实施，节点计划高效执行。

（1）**加快项目实施建设。强化施工安全管控。**各单位按照施工计划，统筹安排安全管理人员到岗到位，针对夜间作业、连续多日作业和节假日作业等违章高风险期，实施提级管控，确保现场安全；充分发挥监理作用，重点对安全风险较大的施工现场和隐蔽工程强化现场监督和到场验收。**强化施工计划管控。**工程综合计划下达后 15 天内，以单体工程为单位逐环节细化分解工程，逐项明确时间节点。结合停电计划任务池分析结果，优化施工方案，统筹编制配网工程施工"一县一案"计划，强化计划停电预算式管控。**强化施工过程管控。**统筹调配施工力量，加强施工质量管控，工程管理部门重点核对工程完工情况，核实施工现场、施工周计划和停电计划的一致性。项目完工后，按时进行现场验收，严格执行专业验收标准，认真落实三级验收管理要求，并以保证对应现场实际为前提，以工程项目施工明细为基准，及时在 PMS 系统中更新设备台账。

（2）保障物资及时供应。加强履约过程管控。做好基建、配网、大修技改、业扩、迁改等重点工程物资供应保障工作，开展合同履约前置预警，精准掌控履约数据，严格按照时间节点开展物资催交催运，适时开展赴厂催交。加快到货验收、发票入账。各单位要在物资到货后对物资型号、数量、重量进行核对，未完成到货交接或到货交接不合格的物资不能办理到货交接单，验收合格后及时完成到货交接单签署和系统入库手续办理。同时各单位要及时查看供应链运营中心下发的发票校验监控预警信息，加快发票催缴工作。严把物资质量关口。开展物资到货抽检，严控物资到货质量，开展长期未履约合同清理，严防资金支付风险，实现物资到货完成率、抽检完成率、合同结算率三个 100%。开展寄存业务，缓解业扩、迁改工程物资供应压力。

（3）加强结算报账管理。严控关键节点督办。推进配网工程节点式管控，细化工程建设过程节点，明确各环节时限和责任人，紧盯关键节点执行，加快推进工程实施，统筹考虑工程建设"四率合一"指标，做到投资完成、预算执行、项目完工、物资使用各阶段保持一致。加快项目结算进度。各单位要在工程实施过程中，同步准备结算资料，提前梳理结余物资、退库废旧物资，同步建立设备台账和资产卡片，严格落实"完工一项、验收一项、结算一项"的工作要求，一审结算在完工后 60 天内完成。及时完成工程结算。加强各专业、各类型工程结算及时性考核评价，推广应用分步结算。工程管理部门在项目竣工投产后规定时限内（220 千伏及以上电网基建工程 100 天、其他类工程 60 天）完成结算编制和审核，7 日内移交审定后结算至财务部门。强化报账时限管理。根据项目竣工投运资料，财务部门提前预警至相关工程管理部门，220 千伏及以上电网基建项目、其他项目报账期分别为 110 天、70天，促进工程成本及时入账。

（4）规范决算审计管理。加快工程决算办理。各单位有序开展分步转资、分步决算，简化设备购置类项目竣工决算编审程序。财务部门在收到完整的结算资料后，在规定时限内完成竣工决算编制及正式转资手续办理。常态开展审计质量检查。项目实施单位合理安排报审进度，避免集中报审，审计部突出计划管理，强化业审协同，引导中介机构提前介入，加快推进结（决）

算审计工作，加强中介机构审计力量配置，常态化开展中介机构审计质量检查，严控投资审计质量，有效控制工程投资成本。**防控投资合规风险。**综合运用嵌入式、全过程、专项跟踪等审计方式，从项目规划、计划、采购、建设、验收、投运全过程开展审计监督，加大对招标采购、业务外包、资金使用等风险高发领域审计力度，及时化解风险隐患。

（三）工作成效

2022 年，全年投产项目 247 项，35 千伏及以上电网基建项目、生产技改项目全部完成，示范项目节点执行率 100%。

2023 年，公司发展总投入完成率 99.86%，圆满完成河北公司下达的工作目标，首次入选国网公司"四率合一"监测分析应用"十佳市"，7 个县公司获评"百优县"，10 个县公司入围"进步百优"县，入围县公司数量均排名河北公司第一。

五、营配调数据贯通

（一）目标思路

坚持"用改结合"原则，按照"控增量、治存量"顺序，以"127*N*"营配调贯通管理体系构建为抓手（即以问题和需求为导向，明确专业数据责任，建立"一套数据管理体系"；以工单形成增量数据、存量数据"两个闭环管控"机制；持续技术攻坚，探索总结出逢停双校、营配"变压器—表计"对应等 7 种数据核查方法，多维度进行数据治理；策划停电分析到户、线损治理应用、供电方案辅助编制等"*N* 个场景应用"，多方向发力巩固治理成果，展现数字化管理价值），从数据"治、管、用"三个方面，连续三年不断深化数据管理体系建设，逐步形成数据治理与业务应用全面融合机制，实现数据质量校准归真，提升数据应用成效，推动数字技术和数据要素支撑公司高质量发展（见图 4-5）。

（二）实施路径

1. 全力筑牢数据质量基石
（1）建立"一套数据管理体系"，强化体制机制保障。
一是建立组织体系。建立领导小组，明确融合营、配、调数据的供电服

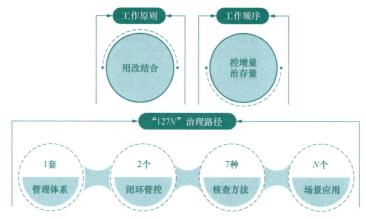

图 4-5　数据核查治理工作思路

务指挥中心为牵头部门，生产、营销、调度等专业参与的工作小组，保障工作高效。**二是稳抓方案实施。**先后印发"1+2+1+1+1"工作方案（2020年《营配调贯通优化提升工作实施方案》、2021年《营配调增量数据一致性管控方案》《营配调存量数据优化提升治理方案》、2022年《营配调贯通数据治理与应用深化提升方案》，2023年《营配调数据主人制建设方案》），保障工作一以贯之。**三是强化过程管控。**设置图实一致率、线变关系正确率等4项指标，制定例会沟通、工作月度评价、通报考核、专业培训4项工作措施，保障工作有序推进。**四是明确流程标准。**明确和规范各专业数据管理标准，规范10千伏局属、10千伏用户设备、0.4千伏低压设备等异动维护流程，建立数据认责机制；明确各环节相应岗位的数据维护责任，形成责任矩阵，保证数据责任落实，解决多项长期存在管理空白；公司设备切改、新投、业扩以及生产管理数据的准确性和规范性进一步夯实，数据健康水平稳步提升。

（2）开展"两个闭环管控"，全面保障数据质量。

一是严格增量管控。制定《增量问题核查手册》，规范工作标准，建立"教练辅导＋末位管理"模式，应用工单系统，对市县标准化开展增量数据闭环管控。累计完成1.2万余项配网增量数据管控，杜绝数据"前清后乱"，公司设备切改、新投、业扩管理的规范性和数据准确性大幅提升。**二是推进存量治理。**坚持数据治理工作与日常巡视、故障处置、设备状态监测等业务工作结合推进，建立"责任单位自查＋核查组抽查"管理模式，编制《图实核查手册》，各单位利用主动运维工单对10千伏线路的变压器、杆塔、开关等9类设备，开展标准化图实核查工作；持续开发图实、数实及数据可用性校核方法，确保"图实归一""数实一致"，10 千伏线路存量数据实现全量全查全治理，图实一致率 100%，实现多维度管控。三是做实督办、通报、评价。通过日督办、周通报、月考核，利用问题工单保证数据问题的闭环整改，实现营配调数据质量的稳步提升，共计发布日报 335 期、周报 164 期，制定工作指导手册 8 本，发布月度评价及考核 21 期，形成工作典型经验 61 篇。其中，《深化营配调数据治理应用》在国网工作动态刊发，《基于数据主人制的营配调贯通治理效能提升》典型经验纳入国网公司《数据主人制案例集》《强化数据治理应用加快电网运营数字化转型》在国网工作动态刊发。

（3）创新"7 种数据核查方法"，靶向锁定数据问题。

一是持续开展技术攻坚。扎实研究系统化、自动化、流程化的管理工具，基于用电信息采集、营销业务应用、电网资源业务中台等系统，开发台区 RPA 自动筛查程序，创新逢停双校、营配台区对应、台—户关系逻辑看板、多图对应、图实核查、图模数据校验、停电设备分析核查等 7 种核查方法，从"图数一致、图模贯通、图实一致"三个层次管控数据质量，建立起"站—线—变—表—户"实时对应关系监控，精准锁定图实不符、应停未停和异常陪停台区等 23 类问题，累计核查现场照片 18324 张、下发问题数据 2814 条。

二是健全数据治理机制。建立核查金点子奖励机制，创新一杆多变、失压有电流等 31 种核查规则，结合 PMS3.0 系统故障研判创新业数融合 7 种数据核查方法（见表 4–2），建设营配数据贯通看板上线，实现 PMS、SG186、用采变压器对应、状态、电量信息的 T–1 监测，开展多图对应核查、停电分析到户校核、停电校核"线—变—台区"关系、营配"变压器—表计"对应

表 4–2　　　　　　　　7 种数据核查方法列表

序号	功能名称	功能
1	逢停双校	校核线变关系
2	营配台区对应	校核变—采集终端关系
3	台—户关系逻辑看板	校核变—户关系
4	多图对应	各专业线路图纸数据核对
5	图实核查	校核线路图纸与现场设备对应
6	图模数据校验	校核线路图模数据连通性等
7	停电设备分析	校核线路图模数据拓扑可用性

核查、系统图模拓扑批量校验五类问题校验，精准定位应停未停、异常陪停、图实不符、容量错误等对应关系和参数错误问题 62734 个。

逢停双校实现"站—线—变—采集终端"对应正确性监控。利用一次线路停电，进行两种校核：一是利用系统停电信息、停上电事件、台区负荷等信息，以"RPA 机器人为主、人工判断为辅"，对变电站、线路"多台区"和变压器低压联络关系进行精准校核；二是利用对台区停上电时间的聚类分析，通过营配调系统，自动进行线路"少台区"校核。应用逢停双校靶向发现变压器挂接错误问题 738 条，修正线路日电量共计 44.5811 万千瓦时，治理线损异常线路 68 条。

"变压器—采集终端"对应校核。建立指标看板，对市区和 17 个县公司的 PMS 系统、SG186 系统、用电信息采集系统的 7 万余台变压器开展跨系统对应监控，治理"变压器—采集终端"不对应、"现场—系统"运行状态不一致等问题 826 台次，有效解决因 PMS 变压器和用采台区不对应引起的高损线路 35 条。

停电分析到户校核。制定《停电分析问题 6 步排查法手册》，在 PMS 系统对石家庄全域 10 千伏线路进行了"停电分析到户"图形可用性校核，累计发现并整改"联络开关闭合错误"问题 284 个，"端子号重复""低压连接错误"问题 85 个，彻底解决无法找到停电开关、无法分析到停电设备、停电设备串线等问题，停电分析到户率达到 100%，有效夯实故障研判、主动抢修等工作基础。

（4）工作成效。

营配调数据治理工作开展以来，累计完成市、县 3439 条 10 千伏线路增量管控、存量数据治理目标，完成 1282 项全量配网增量数据管控、下发治理存量数据 12834 条，解决"一线路多图纸"、开关位置不准等影响安全的重大隐患，实现 10 千伏全量数据全量全查全治理，图数一致率和图实一致率达 100%，全面夯实公司数据质量基础。

2. 全域构建数据主人体系

（1）搭建体系，横纵协同高效推进。落实"管业务必须管数据，管数据就是管业务""谁生产、谁负责"的工作要求，2023 年 3 月经总经理办公会审议发布《石供营配调数据主人制建设方案》，供指中心业务牵头，数据中心技术支撑，横向建立专业管理"六同步"协同机制，生产、营销、调度等业务部门落实专业数据管理责任，业务工作与数据管理同谋划、同部署、同推进、同落实、同检查、同考核"六同步"开展。纵向健全"三层级、四关联"数据主人认责工作矩阵［三个层级，即专业部室、县公司（供配电中心）、供电所（班组）；四个关联，即业务、数据、岗位、人员］，全面建成工作网络（见图4-6）。发布7本工作手册，统一工作标准，开展日督办、周通报、月绩效，落实岗位数据责任，推动数据管理形成自觉。

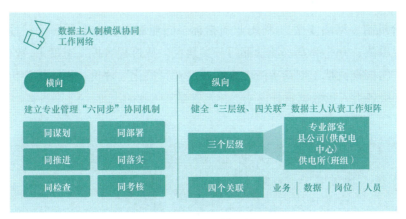

图4-6　数据主人制横纵协同网络

（2）**按照"四步走"策略，扎实推进工作开展。**以"数据责任落实"为主线按照"划定核心数据、认定数据主人、推进履职尽责、落实绩效考核"四步走，明确13项工作流程，形成固化管理模式，扎实推进数据主人制建设工作开展。

重点先行，划定核心数据。围绕价值创造，专业部室聚焦业务、场景需求，基层单位聚焦基层减负、作业需求，开展数据自上而下、自下而上双向梳理，共梳理基础数据689项，发布共享程度高、使用热度高、跨专业需求高的278项《营配调核心数据清单》，涉及44个数据应用场景6类业务，基本建立包含"业务（场景）—数据—系统—专业"对应关系的"业数一张图"。

认定主人，推进履职尽责。溯源核心数据关联的环节、专业和岗位，厘清各层级数据、岗位、职责关系，围绕营配调核心数据认定数据业务主人171人，生产主人4186人，同步制定业务主人"四明确"（即明确数据定义、明确数据标准、明确增量维护和存量治理流程、明确数据主人认定及变更原则）职责清单和生产主人"两清楚两落实"（清楚数据定义、清楚数据标准、落实增量维护流程、落实存量治理流程）职责清单。推动专业管理人员向数据业务主人转型；推动设备主人、网格（台区）经理向数据生产主人转型。

技术攻坚，创新核查手段。持续探索技术核查手段，通过常态化开展"金点子"奖励机制，各基层单位积极参与数据核查方法的研发与创新，构建起群策群力、高效协同的数据管理共识，各基层单位累计报送 39 次、31 项"金点子"核查逻辑，具备推广值的方法共 23 项，全面提升数据质量。

刚性管控，严格绩效推进。建立数据主人制"用、管、改""三三三"闭环评价机制（见图 4-7）。利用业绩指标、同业对标、供电所评价三种手段，对基层单位、专业部室、场景部门三类角色，从过程管控（态度）、数据质量（结果）、核查贡献（创新）三个维度开展"具象化"评价，以刚性评价机制，确保各级各类人员数据责任落实。

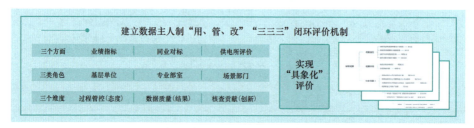

图 4-7 "三三三"闭环评价机制

（3）打造业数关系图谱，健全岗位管理职责。为持续优化提升营配调数据主人制体系，健全数据主人履责评估机制，组织各县公司人力资源专业、数据管理专业结合实际工作需要对数据主人制相关工作岗位规范进行修订，明确岗位的数据管理规范和标准，建立"业务—数据—岗位—员工"关联矩阵，推动数据主人深度融入数据管理、业务管理流程。完成 1083 个岗位数据管理职责修订工作，实现营配调核心数据管理责任全覆盖，确保数据问题责任认定到岗到人。

明确修订标准。编制并发布《数据主人制相关岗位规范修订要求》，梳理岗位规范修编工作职责划分，制定数据管理职责修订要求及模板，建立数据管理职责工作评价标准，完善数据主人"育、竞、奖、惩"评价机制，对相关部门和员工提出数据管理考评意见并纳入公司绩效考核，促进工作质效提升。

推进职责修订。秉承"管业务必管数据原则"，组织人力资源部、专业部室对市、县公司完成四轮审核、修改，推动业务工作和数据管理同谋划、同部署、同推进、同落实、同检查、同考核，确保修订内容既符合业务实际、又满足数据管理的要求。完成 3 个管理部门、23 个基层单位、17 个专业、1083 个数据岗位完成数据管理职责修订工作，实现营配调核心数据生产全过程管理责任全覆盖，建立"业务—数据—岗位—人员"关系图谱，确保数据管理责任到岗到人。

3. 全面优化数据应用机制

建设 N 维场景，赋能管理跃升。坚持"数据赋能"，深入开发高效应用场景，完善场景周督办、月督导评价督导机制，加强场景建设过程管控，三年推进 44 项应用场景建设目标按期完成，强化"营配调数据管理与业务场景深度融合"，实现数据全网统一维护、统一使用，推动规划、建设、运行、审计、检修、营销等业务数字化转型，形成数据质量支撑上层场景应用、场景促进数据质量持续提升的双向赋能局面。

强力拓展应用场景。公司主要领导主导，紧密结合电网生产、经营管理、客户服务等核心业务，构建 44 项营配调数据典型应用场景，推进"数据治理"与"业务管理"相融共促，展现数字化转型成效。

合力推进场景建设。围绕场景应用需求，形成"数据分析—数据确权—数据管理—场景推进"的管理模式，通过周督办、月汇报的形式，及时协调解决场景建设过程中的数据源获取、程序逻辑问题，确保场景建设效果。

深化"用改结合"。完善"一场景一校验"机制，以场景数据需求为目标，场景使用效果评价为标准，完善数据校验逻辑，建立数据应用与数据质量反馈机制，推动跨专业数据问题的协同治理管控。

大力开展效果宣传。每月组织场景应用成效专题展示，开展"智慧行"主题宣传，对场景建设情况开展月度评价，凝聚"数据作为核心生产要素"的广泛共识。

（三）工作成效

2021 年，营配调数据治理工作正式启动，以汇聚营、配、调数据的供电服务指挥中心为牵头部门，营销、设备、调控、数字化部、信通公司全专业参与，坚持"用改结合"，制定总方案，统领工作开展。

2022 年，建立"127N"数据管理体系，创新逢停双校、图实核查等 7 种核查方法，精准锁定图实不符、应停未停和异常陪停台区等 23 类问题，建立起"站—线—变—表—户"对应关系，实现公司配网数据全量全查全治理，配网 10 千伏跳闸、投诉分别同比下降 30.32%、84.13%，百公里跳闸率河北公司最优。

2023 年，全域营配调数据正确率均达 99.99% 以上，逢停双校正确率从 95.8% 提升至 99.1%，图实一致率从 91.7% 提升至 94.8%，"变—采集终端"对应正确率由 98.9% 提升至 100.0%，"变—户"对应率提升至 100%；紧密结合电网生产、经营管理、客户服务等核心业务，构建 35 项营配调数据典型应用场景，推进"数据治理"与"业务管理"相融共促，展现数字化转型成效。

六、现场反违章管控

（一）目标思路

认真践行"两个至上"安全发展理念，落实四个管住要求，充分发挥安全保障体系管理作用，落实"管专业必须管安全"和安全责任清单职责；运用数字化、信息化、可视化手段，完善安全作业装备和安全督查中心作用，加快作业数字化转型，严肃违章问责，以党建为引领，深化"一切事故都可以避免""一切违章都是管理问题"的反违章文化建设，培养全员"不敢违、不能违、不想违"安全自觉，全力确保公司安全生产良好局面。现场反违章工作体系如图 4-8 所示。

（二）实施路径

1. 落实"四个管住"工作要求

（1）管住计划。

规范计划组织。严格"年统筹、月平衡、周分析、日管控"工作机制，健全计划编制、审批和发布工作流程，明确各专业计划管理人员，落实管控责任，把好作业计划组织关。坚持"整站、半站规模检修"原则，统筹安排主网输变电设备停电计划，分层、分级统筹主配网设备停电窗口，实现上下级调管设备配合检修，切实做到"一停多用、综合检修"。

严格作业准备。认真落实现场勘察制度，结合实际制定、调整安全管控措施，统筹平衡人力、物力等基础资源，严禁超负荷、超能力作业。抓好"三措一案"编审批、工作票（施工作业票）填写和签发、班前会等作业准备工作，开展风险评估，制订针对性管控措施，强化流程管控和安全责任落实，做好安全风险预控。

加强计划实施。刚性管理作业计划实施，严格履行作业变更审批手续，禁止随意变更或增减作业计划，坚决杜绝无计划作业和超范围作业等红线违章。针对故障抢修等临时性作业计划，严格落实人员、措施和监督等方面提

现场反违章管控

工作目标

杜绝人身和人为责任事故 ｜ 压实保证体系反违章责任 ｜ 营造"不敢违、不想违、不能违"安全自觉
实现公司"七个不发生"安全目标

四个管住

管住计划	管住队伍	管住人员	管住现场
规范工作组织	规范资信报备	严把人员准入	狠抓作业管控
严格作业准备	培育核心队伍	严抓安全培训	严格到岗到位
加强计划实施	实行动态评价	严格动态管控	强化监督检查

工作路径

强化保证体系履责	强化监督体系履责	强化反违章文化引领
一是加强现场安全措施落实	一是加强督查队伍能力建设	一是深化党建+反违章系列行动
二是强化生产专业重点领域管控	二是规范自查违章同质化管理	二是深化反违章安全警示教育
三是强化基建专业重点领域管控	三是严格安全准入线上监督	三是着力塑造反违章安全文化
四是强化营销专业重点领域管控	四是严格外包队伍人员管理	四是激发保证体系自查自纠活力
五是严格现场到岗到位执行	五是严格现场视频监督全覆盖	五是加大违章经济考核力度
六是建立作业风险管控推演机制	六是实施现场督查标准化流程	六是争创国家级安全文化示范企业

图 4-8　现场反违章工作体系

级管控要求，合理安排经验丰富、技能娴熟的抢修人员，做好到岗到位及现场安全督查的全过程覆盖。

（2）管住队伍。

规范资信报备。在队伍进场作业前严格履行安全资信审核、准入、报备管理，加强施工作业承载力评估，确保入网作业队伍资信优良、人员齐备。安监部常态化开展安全资信数据真实性、有效性审核，动态更新安全资信数据，对安全资信不合格队伍，一经发现立即采取停工整顿、清理退场等管控措施，严防资质挂靠，严禁资质不全、资信不良队伍入网作业。

培育核心队伍。产业部组织、建设部指导思凯公司优选核心队伍，配齐配强作业人员、机械机具、安全用具，定期开展安全知识、技能培训，积极推进施工类企业队伍建设，整体提升核心分包队伍安全意识、业务素养。产业部、建设部依据施工标杆队伍标准，打造、争创省公司施工标杆队伍。

实行动态评价。严格落实作业队伍动态评价管理办法，综合作业队伍安全资信评价、准入考试成绩、安全事件记录、违章考核记分等情况，对作业队伍安全管理能力实施动态评价。安监部定期收集汇总各部门、单位的动态评价情况，并在公司范围内实现评价记录互通。

（3）管住人员。

严把人员准入。安监部牵头组织，组织部配合，依托安全生产风险管控平台等信息系统，每年年初组织对主业、原集体企业、供服、外包单位等全口径作业人员进行安全准入考试，严把安全准入关。建立健全公司进网作业人员安全教育培训档案，对考试合格且无不良历史记录的人员授予"安全驾照"，作业人员凭"安全驾照"进场开展对应专业工作。

严抓安全培训。加强日常安全培训，开展春、秋季安全教育活动，开展收心教育、主题安全日和安全大讨论等活动，实现从业人员安规考试全覆盖。以现场实操为重点，开展员工安全警示教育、安全技能比武和安全教育培训。制定公司安全技能等级评价工作方案，按照"A、B、C、D"四个级别，对"三种人"等关键人员安全技能水平进行量化考评。

严格动态管控。结合安全准入考试和现场安全督查，定期对现场作业人员资质、能力及违章情况进行考评，动态调整安全技能等级和工作资格；严格落实国网公司反违章工作要求，对违章积分满"24分"的作业人员，严格执行"再培训、再考试、再上岗"要求，立即停止现场作业，组织开展集中安全培训，考试合格后方可返岗。

（4）管住现场。

狠抓作业管控。规范现场安全管理，强化施工作业队伍、班组的工作组织、措施落实和过程管理，严格"十不干""三措一案""两票"和"三算四验五禁止"等安全管理制度的执行，规范实施标准化作业流程，实现现场作业"六化"（工作流程化、作业标准化、行为规范化、作业定时化、工时定额化、环境优良化）目标。

严格到岗到位。严格落实"5346"作业风险分级管控工作要求，严格执行生产作业到岗到位管理制度，强化作业现场重点内容、关键环节、重点部位的安全督查。各级领导和管理人员，常态开展作业现场检查，对现场存在的不安全行为及时制止、纠正并做好记录，督促作业人员落实安全责任，严格执行安全管控措施。

强化监督检查。加强"服务基层、服务专业、服务上级管理要求"的督查队伍服务意识建设，常态开展三级（本部、县公司和原集体企业）安全督查，依据安全督查工作标准，充分运用"四不两直""远程＋现场"等督查手段，实施"诊断式""靶向式"督查，加强作业现场全时段、全过程督查，严肃查纠各类违章行为。紧盯县公司管理、基建施工、配网作业等重点领域，深挖管理根源，严肃问题通报，跟踪督促整改。

2. 强化保证体系履责

加强反违章管理重点专业和关键环节管控，推动各级安全保证体系落实主体责任，提升专业反违章管理能力和基础保障力。

（1）**加强现场安全措施落实**。严格"两票"填写、审核、签发和执行，加强杆塔高空、有限空间、深基坑作业、近电吊装、开关柜检修等高危作业工序安全管控，配足人员防高坠、防窒息防护用具和设备，研发和应用吊车吊臂近电告警装置，严格执行停电、验电、挂地线等"保命"措施，在高危作业工序和停带电隔离点、近电点增设专人监护，逐项检查把关放行或全程盯守。

（2）**强化生产专业重点领域管控**。以落实"五级五控"作业风险管控要求为根本，深化生产全专业作业标准化建设，提高违章预防预控能力；全面应用配网全过程现场管控 App，发挥生产管控中心辅助监管作用，紧盯配网抢修、配网工程非停电施工等"小散快"作业，严格把关放行计划填报、监控应用、反送电措施核实等关键工序。

（3）**强化基建专业重点领域管控**。以建设主动式电网建设安全治理体系为核心，践行"机械化代人"变革要求，推动创新工法应用尽用，提高施工安全本质能力；突出基建第三方安全督导团队作用，严抓监理单位履责、作业层班组建设监管，升级"1+*N*"区域监控中心，做好跨时长、高风险、多专业施工工序放行和全流程管控。

（4）**强化营销专业重点领域管控**。以深化营销现场作业平台应用为基础，推动"小微散杂"现场全线上监控，提高营销小现场作业安全管控能力；发挥营销安全管控组作用，开展营销业务应用系统与作业平台关键信息比对核查，细化周、日、临时计划管理，对业扩、高压等多专业协同作业现场检查全覆盖，对其他作业现场平台照片抽查单位全覆盖。

（5）**严格现场到岗到位执行**。实行周作业计划与到位计划同发布、同录入风控平台，到位人员通过风控平台 App 在线"定位打卡、人像上传、签到签退"，对现场关键危险点检查放行，实时查纠现场违章。严格落实网省公司要求，二级作业风险和五级电网风险现场，由四级及以上副职人员到位，并同进同出、全过程监护，复杂三级作业风险，专业管理部门管理人员要到位。

（6）**建立作业风险管控推演机制**。针对五级以上电网风险和三级及以上作业风险，组织检修、基建、营销、产业开展复杂作业风险管控提前推演机制，针对国网公司视频督查提供的现场勘查、风险辨识、方案审查等项目资料提前开展预审，减轻现场工作负责现场提交资料工作压力，确保向上级督查提交的资料合格、齐整，争创国网公司"平安现场"。

3. 强化监督体系履责

逐级加强安全督查队伍能力建设，实施三级安全管控中心一体化管理，开展安全反违章质效评价，瞄准重点领域、重点现场，强化"四不两直"检查，严控严重违章、重复违章。

（1）**加强督查队伍能力建设**。修订督查中心工作规范和评价细则，优化督查中心岗位职责及人员配备，实现坐席功能模块化运转，做好远程督查的同时充分发挥专业支撑作用。定期开展市县督查人员同质化能力培养、知识测评和工作评价，实现执法记录仪与风控平台贯通，完善督查纪律视频监测复查机制，常态化推行督查中心交叉互查，全面提升督查能力和履责能力。

（2）**规范自查违章同质化管理**。施行基层单位自查违章与市公司同平台线上管理，统一市县驾照扣分、追溯定责、整改闭环工作标准。紧盯上级违章通报动态，及时调整自查违章重点，完善单位内部反违章责任制，针对被上级通报但内部自查未发现的违章，组织同类型问题专项治理，追究自查违章管理人责任。

（3）**严格安全准入线上监督**。修订安全准入实施细则，施行人员准入考试全线上管理，市公司安全督查中心统一制定人员准入考试计划、搭建网上考场，所有实地考场绑定监控设备全程视频监考。人员准入信息线上核查全覆盖，各级安全督查中心对每项作业外协、厂家等人员准入信息全量复查；市公司对本部作业现场复查全覆盖、对县公司抽查不低于30%，县公司、原集体企业对内部复查全覆盖。

（4）**严格外包队伍人员管理**。出台外包队伍和人员管理禁令，建立"撞墙式"硬措施，明确安监部门、专业部门和使用单位责任分工，采取强有力手段将违反禁令的队伍和人员拒之门外，从源头防范化解安全风险。针对承揽公司范围内工程的全部外包队伍开展核查，采取"专项＋常态"检查模式，开展外包人员队伍核查，专项整治存量队伍问题，严格新队伍准入。

（5）**严格现场视频监督全覆盖**。以"无监控不作业"为原则，安排专项资金，配足视频布控球、边缘计算装置、可视化单兵、智能安全帽等各类视频监控设备，确保集中检修、设备抢修等各类作业现场每一个作业点视频监控设备全覆盖。将"视频不上线不作业"作为硬约束，各级安全督查中心严查监控设备视频未上传也无录像备份、监控设备未全过程开机、监控设备未作业点全覆盖违章。

（6）**实施现场督查标准化流程**。按照两级督查分级管控、高风险现场全覆盖原则，规范事前"线上督查＋现场核查"管理流程，明确督查人员事前督查、核查职责，梳理作业计划、查勘记录、施工方案、工作票标准要求，建立涵盖输、变、配、建设等5个专业516项的安全监督"明白卡"检查要点，匹配作业内容提示督查要点，助力督查人员高效纠违。

4. 强化反违章文化引领

深化公司领先文化和班组安全文化建设，持续开展安全生产"问鼎行动"和无违章集体、班组、个人评先活动，加强针对性违章警示教育，培育全员安全行为养成。

（1）**深化党建＋反违章系列行动**。以公司领先文化为统领深化反违章文化建设，全力争创国家级安全文化示范企业，开展班组安全文化示范点创建，带动班组自主安全管理能力提升。以党建为引领深化"三带创三无"建设和安全"问鼎行动"，充分发挥党员先锋引领作用，开展作业现场"党员无违章、查违章、身边无违章"评先活动。

（2）**深化反违章安全警示教育**。迭代优化违章警示教育平台建设，打造公司安全文化和反违章文化阵地，提升警示、培训、体验"三位一体"功能，做好严重违章、重复违章等安全要求的强化反复培训。持续加大早会抽问、

AI 电话考问频次、范围和力度，常态开展基层班站所暗访检查，通过安全活动 AI 管理平台智能评价、通报班组学习质效，着重提升安全素质和"保命"意识。

（3）**着力塑造反违章安全文化。** 以班组安全文化建设为抓手，深化反违章文化建设，开展班组安全文化建设深耕行动，以培育选树"示范班组""灯塔班组"为载体，带动班组自主安全管理能力提升。结合春秋季安全教育培训活动和安全月活动，持续开展"安全合理化建议"收集、安全承诺签名、亲人安全寄语等安全文化活动，树牢全员"不敢违、不能违、不想违"的思想意识。

（4）**激发保证体系自查自纠活力。** 实施严重违章"查三免一"机制，对监督体系查处的严重违章，违章责任部门在一个季度内查处 3 起严重违章并完成违章整改闭环，达标后免除违章单位业绩考核扣分。安监部建立专业部门反违章成效评价机制，持续推动落实"专业治违章"责任。对专业部门、班组（项目部、供电所）自行查纠的违章，在平台内只记录不扣分，不处罚。

（5）**加大违章经济考核力度。** 每发现 1 项"严重违章"，扣责任单位 2 分，同一单位年度内重复发生加倍处罚。每发现 1 项"Ⅰ类一般违章、Ⅱ类一般违章、Ⅲ类一般违章"绩效扣分标准分别为 0.8、0.5、0.2，并对同一单位一个月内重复发生同类违章加倍考核；扩大"二维考核"范围，增加"三类关键少数"等所有连带责任人处罚，考核人数和罚金不封顶；加大上级查纠违章惩戒力度，责任单位在扣除安全专项奖金基础上，增加"二维考核"处罚。

（6）**争创国家级安全文化示范企业。** 开展班组安全文化建设年活动，逐步提升班组自主安全管理能力。持续开展"安全合理化建议"收集、安全承诺签名、亲人安全寄语等安全文化活动；开展作业现场"党员无违章、查违章、身边无违章"活动，充分发挥党员先锋引领作用；组织违章责任人员开展"查根本、挖根源、谈感想"安全承诺，持续营造"违章可耻、遵章光荣"的安全文化氛围。

（三）工作成效

2021 年，落实省公司"反违章、创三无"行动部署，推出一揽子反违章措施，推动违章责任单位、个人绩效、评先全维度连奖连罚，营造"遵章光荣、违章可耻"的安全文化氛围。出台安委会工作规则等制度，理顺生产基建交接验收等流程，实现安全治理体系和治理能力"双提升"。

2022 年，打造现场作业全领域标准化管控体系，编制现场安全监督"明白卡"，依托智能运检管控中心，实施"远程＋现场"督导，创新搭建隧道施工综合监控系统，有力保障了横山等 4 项隧道工程有限空间作业安全可控。圆满完成"进基层、摸实情、控风险、迎盛会"专项行动，公司各级领导人员到位 667 人次，检查作业现场 597 个，发现问题 365 项，组织开展专项活动 441 次，为党的二十大胜利召开提供坚强电力安全保障。

2023 年，创新实施安全履责提示、全员安全知识考问等举措，固化市县两级安全督查中心人员配置，规范自查违章同质化、关联化管理，省内率先通过中国电科院质监中心专家验收评价。深化反违章安全警示教育，以班组安全文化建设为抓手，推动"要我安全"向"我要安全"转变，全年被上级查处通报违章数量为各地市最少，评选省市级无违章个人 397 人、无违章班组 118 个、党员无违章示范岗 77 个，对 6 家单位开展安全约谈，落实违章考核 519.8 万元。

第五章　改革创新

改革创新是企业发展的第一动力。重点是聚焦制约高质量发展的痛点和堵点，抓好各项改革；围绕创新和人才，推动机制创新，探索新技术、新应用，激发人才和创新活力，为高质量发展提供创新支撑。为此，石供制定了数据驱动、产业驱动、对标驱动、创新驱动、供电所管理、"雁领"人才、机器代人方案，用改革创新激发内生动力。

一、数据驱动

当前，电网企业正处在由信息化到数字化的全面跃迁和加速演变期，需要加快释放数字技术和数据要素的强大动力，实现业务融合与数据融通，打造互利共赢能源互联网新生态。石供数字化转型已经具备良好基础，数字化发展正在由量变转向质变。通过推进"数据驱动"数字化转型行动，进一步凝聚公司上下共识、汇聚力量、明确方向，加快建设数字化企业，切实解决当前公司可持续发展的痛点、难点、堵点问题，助力公司高质量发展，打造高能级能源互联网和智慧企业建设新引擎。为指导和引领"数据驱动"数字化转型行动落地，公司编制了三年《"数据驱动"建设方案》。方案可概括为一个转型目标、三个数字化转型方向、四项重点建设工程。"数据驱动"专项方案将数字化转型提升到了企业级任务高度，通过全专业共同参与编制，暴露问题、挖掘需求、滚动修编、统一思想；细化方案颗粒度，将清晰需求系统化提炼为可落地实施的数字化建设应用任务场景；针对数字化快速迭代的技术架构与日益更新的发展需求，全方位提供数据中台、电网一张图、RPA数字员工等数字化支撑。

（一）目标思路

深入落实国网公司数字化转型整体思路，强化整体布局，夯实数据基础底座，落实数据管理责任；发挥数字平台能力，畅通服务响应渠道；释放数据价值要素，深挖数字场景应用；加快数字管理转型，固化优秀成果推广；全面推进多维多态电网一张图、数字化配电网、现代检修体系、源网荷储协同、营商环境优化及人工智能应用等重点领域实施公司级专项行动；扩大数字化人才队伍规模，加强"数字＋业务"人才梯队培养，促进外部交流合作，纵深推进电网生产、客户服务、经营管理等数智化转型升级，赋能公司数智化坚强电网建设（见图 5-1）。

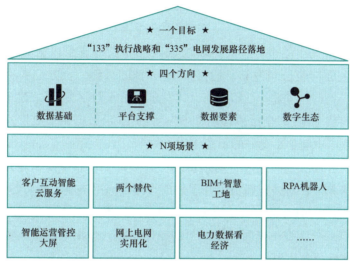

图 5-1　数据驱动管理思路

工作目标：以激发数据要素价值为目标，以服务公司质效提升、服务智慧城市发展为抓手，在主要业务领域加强数字化建设和大数据创新应用，推动数据在电网建设运行、经营管理、公共服务等领域深度应用，数据驱动理念和管理模式向末端充分延伸，助力公司高质量数字化转型发展。

（二）实施路径

试点先行、分段推进。以赋能公司提质增效、服务数字化经济发展、深化市场开拓、强化基础能力建设四个领域为切入点，结合专业重点工作任务，三年分批规划逾 60 项重点任务场景，场景选取按照是否具有代表性、转型成效是否足够突出、是否有典型示范意义，且能够体现公司特色，覆盖公司各专业领域。按"试点先行、全面推广"思路规划了分阶段目标，助力任务快速干出实效。

定期督办、奖惩并举。建立专业横向联络机制，形成联络员清单；建立双周管控、月督办机制，每双周收集、每月总结进度，整理特色亮点与滞后风险并呈报公司主要领导；建立奖惩机制，从成果、成效、创新、首创、守时等维度进行衡量评估，有效激发专业部门积极性，驱动责任人主动思考、主动创新。

平台支撑、做好服务。专项任务推进过程中，积极应用国网公司、河北公司统推平台组件，基于 i 国网协同审批平台、RPA 数字员工、数据中台、电网一张图、气象服务中心等组件，支撑专业打造一批微服务微应用，解决专业用数需求。

定期发布、示范推广。具有阶段成效或亮点的成果以视频形式在公司月度例会上面向全公司发布，通过 7~10 分钟的讲解，全方位展示任务的问题、举措、亮点、成效。三年期间，共发布"RPA 数字员工""建筑信息模型（BIM）＋智慧工地""全过程移动作业"等约 15 项数据驱动成果，在公司数字化应用推广中起到了良好的示范作用。

提升素养、加强交流。针对新员工、青年员工、业务骨干等分别开展数字化能力培养，针对公司新员工开展数据管理及应用讲座，面向各基层单位、县公司多次开办 RPA 数字员工讲座，取得良好效果。

以"破点—连线—成面—立体"的整体思路，提出电网企业数字化转型发展的整体性优化思路。

破点，即寻求数字化转型突破点，由小处入手集聚放大效应。抓住最能快速体现转型成效的业务亮点、亟待数字技术解决的业务痛点等，通过"点"的突破，让员工看到数字化转型的价值，消除员工在转型过程中的顾虑；在数字化转型场景中，"供电服务微信群智能服务机器人"在供电服务微信群中构建点对面服务模式，通过 AI 语义识别等方式检测由客户提出的诉求，客户用电诉求得到"秒级"响应，打通服务客户"最后一百米"。"重构配网抢修业务流程"基于电网资源业务中台技术架构，构建"一中台、多应用"的技术架构，实现集"数字抢修、智能指挥"于一体的新一代配网抢修模式。"民营、中小企业往来款项监控预警支付平台"以图表方式动态展示公司财务管理现状，使财务人员抽身于重复繁琐的数据查询和人工汇总统计工作，有力推动财务管理由"事后反馈"向"事中参与""事前防控"变革，集中精力进行管理分析和数据价值挖掘，发挥财务"数据＋管理"作用。

连线，即连接业务要素，贯通传统流程和专业领域。选取最能带动专业条线转型突破的业务域、最能发动基层员工广泛参与的业务线、最能提高专业协同效率的业务链等，通过"线"的连接，推进传统业务的数字化转型，如"BIM＋智慧工地"初步建立"一个团队、一项制度、一个平台"三个一 BIM 应用推广机制，形成基建变电站新建工程 3 类 15 项 BIM＋智慧工地典型应用场景，积极推动基建管控向智能化、数字化转型，实现三维场景下跨专业和系统融合的智能运维业务应用。"营销全业务精益化管控应用"按照"全景式监控、全业务分析、全风险核查、全过程督办"管控思路，创建"154"工作模式。基于供电可靠性的配网"规、建、运、检"全链条管理，基于电网资源业务中台，应用营配调数据治理成果，在供电服务指挥平台基础上，搭建供电可靠性实时监测与在线评估系统，以实时、真实的供电可靠性评价为配电网运行、改造、规划全业务管理决策提供量化支撑。"工单驱动配网管控新模式"全面梳理配网运、检、抢业务，制定 4 类主动工单，构建"供电服务指挥中心—末端供电服务网格"两级快速响应体系，推动配网运检模式由"周期+计划"向"问题+任务"转变，为后续"工单价值化"和"价值绩效化"奠定基础。

成面，即打造"市—县—所"不同层级的数字化转型样板工程。选取数字化基础扎实、管理水平较好、区域特色鲜明的基层单位，通过"面"的打造，形成一批分层级分区域可复制推广的示范样板，扩大转型发展范围。例如，县级"智能管控平台"以正定公司为试点开展建设县级智能运营监控场景建设工作，打造可支撑智能运营中心全面的监控任务，形成对设备状态、停电事件、量、价、费、损等生产、营销类共计 87 项指标数据互通、共享、"一屏式"输出的智慧运营指挥中枢。"构建公司级运营监测体系"以推动数据驱动场景落地为抓手，积极谋划与推进公司全景展示体系优化工作，以打造覆盖主营业务、数字化转型发展成效和基层特色的全景展示体系。"电力数据看经济发展研究"针对市委、市政府关心的工业、新兴行业、用电能效等情况，结合统计、工信等政府部门实际需求，依托月度用电量数据和"网上电网"电量监测模块分析经济态势及未来发展趋势，为政府掌握经济运行、开展城市治理提供必要手段和有力支撑。

立体，即构筑彰显"数据驱动"体系化、全方位的建设成效。总结"点—线—面"的探索、实践、示范经验，结合国网公司数字化示范行动，快速推广公司示范应用，彰显"数据驱动"建设成果。

（三）工作成效

2021 年，建成线损精益管理、供电方案辅助编制等 4 个实用化应用场景。实施数据驱动方案，形成公司级数据驱动任务清单，开展数据资产价值挖掘、商业模式研究等工作，向市委市政府推送电力看发展月报，"散乱污"企业排查等多项数据研究成果得到市政府主要领导批示。

2022 年，建立增量数据动态核查治理闭环机制，上线应用 11 项场景，实现营配调数据由治转用。推进"网上电网"平台实用化，实施数据驱动方案，上线 22 个大数据应用场景，7 个项目大会发布，打造国网公司市县所三级数字化综合示范，加快推动管理数字化转型。

2023 年，供电服务微信群智能服务机器人等 57 项数字化应用场景成功上线，首个县级 RPA 孵化中心揭牌成立，129 个 RPA 数字员工上岗。建立无人机飞巡应用全流程、标准化管控机制，率先实现输电线路、重要配电线路无人机精细化巡检全覆盖，公司入选国网公司"十市百县"配网无人机自主巡检示范单位。推进市级能源大数据中心建设，打造《产业发展态势分析》等电力数据产品，为政府、企业提供决策参考，获得市委、市政府主要领导批示肯定。

二、产业驱动

（一）目标思路

原集体企业作为能源互联网业务生态有机构成，需着眼公司战略发展大局，以服务电网和客户为中心，以安全、效率、效益为抓手，补短板、提能力。石供按照"优化提升传统业务，加快发展新兴业务"的发展方向，提升原集体企业服务支撑主业专业服务能力，统筹原集体企业自身发展能力、资源优势和技术优势，做强施工安装、勘测设计业务，做优电网产业链上下游延伸新兴业务。

（二）实施路径

1. 优化提升传统业务

围绕勘测和施工，强赋能、拓应用，加快转型步伐，思路框架见图 5-2。

（1）做强勘测设计业务，打造电力行业勘测设计标杆。坚持优化产业布局，强化新兴业务孵化培育，加强业务协同，提升价值创造力和核心竞争力，积极适应新型电力系统建设要求，提升智慧化、数字化建造水平，大力推进勘探设计业务高质量发展。

推广标准化设计。开展变电站模块化设计，规范装配式材料、预制件型式和尺寸，开展设计管理信息化研究工作，实现智能校审，推行"标准化 + 优化"差异化设计，以标准化设计保障设计质量，持续深化施工图三维标准化设计，变电站通用设计引用率达到 95%，杆塔通用设计引用率达到 85%，

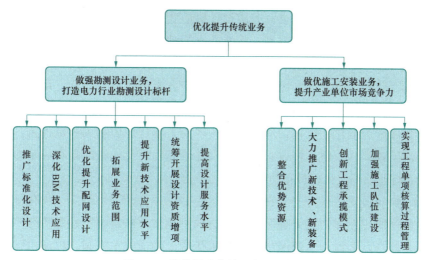

图 5-2　优化提升传统业务思路框架

持续提升 220 千伏设计能力和水平。

深化 BIM 技术应用。依托循环 110 千伏变电站新建工程深化三维设计应用，采用三维全景建模，通过二次深化设计、统一施工设计移交模型标准，打造全流程 BIM 应用标杆站。编制 BIM 技术应用标准，积极参与公司新型数字基础设施建设，为市区双"1+4"工程 BIM 技术深化应用提供技术支持。

优化提升配网设计工作。开展配电网标准化设计图纸及可研模版编制，建立项目立项信息收集模版，完善建设必要性与改造策略对应库，补充个性化工程特点与差异库，扎实开展项目前期勘察及方案设计，为公司智能配电网示范工程提供典型案例，高质量完成配网提升示范区工程设计任务。

拓展业务范围。纵向拓展 220 千伏高电压等级电网工程设计业务，横向发展能源侧、基础设施等领域设计业务，大力开展设计施工总承包业务，加快勘测设计业务转型发展，积极开展新能源接入系统和新能源业务咨询工作。

提升新技术应用水平。探索无人机航测技术应用，分析各类无人机航测技术优劣，完成无人机选型及采购工作，组织测绘专业人员开展无人机航测技术培训，职工考取无人机驾照，充分利用无人机航测技术为设计任务提供基础数据服务。编制工程信息模型（EIM）技术应用标准，参加 EIM 技术应用大赛，为市区双"1+4"工程提供技术支持，积极参与公司新型数字基础设施建设。

统筹开展设计资质增项工作。开辟新能源发电市场，建立新能源业务的人力和技术储备，依据建设部颁发的《工程设计资质标准》对人员及业绩配置的要求，招聘专业技术人员，完成设计资质新能源发电专业增项工作。开展新能源典型方案专业技术培训，打造一支能独立完成新能源设计、咨询业务的设计队伍，充分发挥自身优势，积极承揽新能源发电设计业务。

提高设计服务水平。以提升施工质效、服务生产建设为目标，系统评价工程设计质量，注重与工程建设有效衔接，积极参加图纸会审和设计交底，对设计文件进行细化、优化，从设计源头严控工程建设质量关和造价关，提高工程建设效率、效益，将石家庄电业设计研究院打造成省内具有一定影响力的电力行业勘测设计标杆单位。

（2）做优施工安装业务，提升原集体企业市场竞争力。按照"优化提升传统业务，加快发展新兴业务"的发展方向，顺应"新基建"发展。统筹原集体企业自身发展能力、资源优势和技术优势，做优施工安装，以城市智慧标杆站建设为契机，依托 BIM 技术和物联网等新技术，践行绿色建设新理念，全方位提升原集体企业市场竞争力。

整合优势资源。聚焦变电安装、调试等重点业务，推动施工企业人员配置专业化、装备配置科学化、工程管理规范化，提升机械装备水平，推进机械化施工、工厂化预制。开展小型预制水泥构件生产模式，提升预制混凝土构件使用比例，克服大气预警、环境整治等众多因素影响，节省施工周期。实现自主完成高压试验和保护调试工作，全面增强施工业务承载能力、工程管控水平和经营效益水平。

大力推广应用新技术、新装备。以推广机械化施工和智能化管控为载体，"通过机械化换人，自动化减人"减少危险工序作业人员，稳步提升施工安全和质量水平。紧跟基建科技创新重点，在变电、隧道、线路三个专业全面深化 BIM 技术应用。**变电专业**重点在 110 千伏工程钢结构安装、10 千伏室内管线排布、主变压器、GIS 就位及安装等方面进行施工模拟，优化施工方案和降低施工风险；**土建专业**重点在龙门架安装、土方开挖支护、电缆敷设及中间头制作等方面进行可视化交底及施工模拟；**线路专业**重点在铁塔吊装、重要跨越施工等方面进行施工模拟，进行可视化交底；**隧道专业**加强顶管掘进机应用，配备顶管专业班组，在施工领域全面应用顶管掘进机施工，提升隧道施工能力和缩短施工工期。结合市区大"1+4"盾构施工，探索采购和租赁两种模式下施工适应性，研究盾构机施工方案，培养盾构施工技术人员，全面提升机械化施工水平。

创新工程承揽模式。发挥原集体企业在工期、质量、价格、服务等方面优势，打造集设计、施工、运维于一体的综合能源服务商，以标准化施工企业巩固提高为抓手，提升工程质量和响应速度，缩短管理链条，持续提升原集体企业市场竞争力，将公司打造成施工类原集体企业龙头企业、国网系统行业标杆。

加强施工队伍建设。 增加持证人员和作业层班组骨干人员数量，补充项目管理人员和工程技术人员，培育合格的执业资格人员队伍，组建标准化项目部、作业层班组，解决一线缺员难题。

实现工程单项核算过程管理。 做好工程概算把关环节，提高预算编制专业水平及对审能力，重视结算环节资料支撑，良性推动工程施工与结算，实现项目闭环管理，建筑、变电、送电、通信等专业利润率平均提高3%，35千伏及以下配网工程利润率平均提高5%。

2. 加快发展新兴业务

围绕服务电网建设、保障电网安全稳定运行，保障主业与产业业务协同发展，加快发展输电线路无人机巡视、配网不停电作业、无忧用电平台等业务，提高原集体企业对主导产业支撑度、贡献度和协同度，破解发展难题，培育发展新动能和拓展新空间，增强原集体企业服务支撑能力和竞争力。加快发展新兴业务思路框架见图5-3所示。

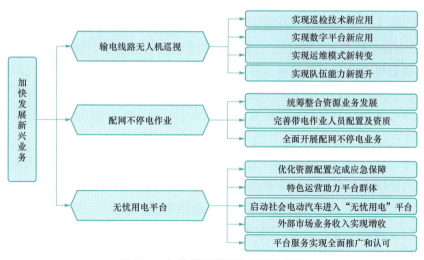

图5-3　加快发展新兴业务思路框架

（1）**输电线路无人机巡视。** 按照"输电专业全面应用，配电专业整体铺开，变电专业试点探索"的整体思路，打造多专业融合的无人机作业体系，提升管理规范化、业务数字化、技术实用化、队伍专业化水平。为提高线路信息化管理水平和更好地服务主业单位解决巡视人员短缺问题，公司计划有步骤开展用户线路巡视，以及其他相关业务的飞行巡视业务。

实现巡检技术新应用。以激光点云三维模型作为数据支撑，对输电及重要配电线路优先采用以激光点云模型为基础的方式开展无人机自主航线规划，同时开展通道隐患分析，对于暂无点云模型的输配电线路采用手动打点 / 仿线飞巡的模式开展航线规划并存档；以智能缺陷识别算法为技术支撑，推进重要典型缺陷分类治理，实现巡视质量全面提升；以巡检模式创新、适用场景探索为突破，推进工程验收、应急处置、异动更新等工作，实现十大应用拓展；以"1+N"自主巡检技术为基础，试点探索基于固定机巢、移动机巢的区域化智能巡检，实现去人工干预。

实现数字平台新应用。全面深化应用河北公司无人机智能管控平台，导入完成规划的自主巡检航线，持续扩充完善平台航线库，通过平台下发并执行输配电线路自主巡检任务，完成精细化自主巡检图像数据实时回传，利用平台智能识别算法，开展缺陷识别并人工辅助审核，将已完成激光点云扫描的输配电线路数据移交设备专业，夯实数字电网建设基础，建设全电压等级数字化输配电网。

实现运维模式新转变。以通道巡检、精细化巡检结合作业模式为支撑，代替一线人员现场巡视，推进运维模式由现有的"人工巡视"转向"机器飞巡"，实现运维业务"机代人"。以无人机管控平台为抓手，开展差异化飞巡，合理规划机巡航线及各巡检点照片拍摄策略，推进管理模式由粗放式向精细化转变，实现"集中监控 + 工单驱动"。

实现队伍能力新提升。拓展无人机巡检作业人员能力，具备激光点云扫描、航线规划、精细化飞巡等技能，提高运维质效。结合核心业务班组建设，开展市、县公司，原集体企业无人机专业队伍建设，成立市公司级无人机飞巡柔性团队、原集体企业专业团队、基层单位作业团队，打造无人机智能巡检"先锋班组"，常态化开展人员取证及梯队建设。

（2）配网不停电作业。持续提高原集体企业带电作业能力和装备水平，实现配网不停电业务由"跟着干"向"自己干"转变，完成配网不停电业务资质认证，服务工程、业扩、检修、消缺等配网全业务，减少客户停电感知，助力可靠供电性提升和营商环境优化。

统筹整合资源业务发展。依托原集体企业资源优势，统筹考虑配网不停电作业需求和远景发展，强化不停电作业专业队伍建设、装备配置和技术能力提升，深化配网不停电作业在业扩工程建设、配网改造施工中的应用。

完善带电作业人员配置及资质。 按照确定的配网不停电作业班组设置，成立不停电作业班组，配置不停电作业专责、班组长、技术员，招聘具备带电作业资质并可独立从事的带电作业操作人员及配网不停电作业派遣工。完善车辆及工器具管理，投入资金购置绝缘斗臂车和其他配网不停电作业所需的工具装备。同时，依托带电作业集训和竞赛，通过取得带电作业证书及准入手续资质，独立开展从事带电接引等基础不停电一、二类作业业务，具备承揽公司不停电作业外包业务和客户不停电作业业务。

全面开展配网不停电业务。 持续充实配网不停电作业人员，组建带电作业中心，持续充实配网不停电作业人员，配置绝缘斗臂车和配网不停电作业工器具，全面支撑市公司配网不停电作业工作。独立实施一、二类配网不停电作业业务，积极参与带电作业中心配网不停电作业三、四类项目实施。开拓外部市场，参与客户资产设备有偿性不停电消缺及故障处理业务，应用新技术，开展机器人不停电作业，全面支撑主业生产任务和满足客户不停电作业需要。

（3）无忧用电平台。 无忧用电平台旨在通过搭建应急供电服务资源线上共享平台，盘活公司及社会闲置的应急供电资源，探索一条供电企业、应急供电资源方和客户三方互利商业路径。提升无忧用电平台经济、共享经济功能，形成线上线下结合，大、中、小企业融合发展，打造新兴产业发展"升级版"。

优化资源配资完善应急保障。 实现无忧用电平台网站及手机 App 同时上线试运营，通过平台走访用户，吸引有社会影响力的能源供应商签约入驻。优化整合纳入平台发电机，UPS 电源车，低、中压发电车等应急电源设备。通过完成重大活动政治保电任务，参与"煤改电"等社会民生应急保电保障任务，吸引影响力较大的能源供应商签定无忧用电平台入驻协议，围绕季节性检修、线路迁改、电管家及客户设备代维业务，全力保障应急供电服务。实现无忧用电平台网站及手机 App 同时上线运营，开启无忧用电平台全面资源共享，纳入电动汽车信息实现电动汽车变成移动电站，纳入用户高压试验信息承揽高压试验业务增值业务。开展市、县融合线下业务，全力为检修和工程施工提供保电服务。搭建临时供电与临时性用户之间资源共享服务平台，推动无忧用电向着高质量发展的方向迈进。

特色运营助力平台群体。开展无忧用电平台宣传活动，聚焦应急保电抢险服务，精准服务"煤改电"等保供暖保民生任务。开展无忧用电平台免费体验活动，将农电工全部纳入平台"共享电工"数据库，为社会用户就近推荐"共享电工"，解决企业用户"电工荒"难题，为农电工增收提供路径。开展无忧用电平台前期免入驻费用宣传活动，聚集平台动力能源商及用户群体，形成规模效应。以深泽供电公司为试点，逐步将各县供电公司应急保电资源纳入平台数据库。在主流媒体投放"无忧用电—您身边的应急供电资源服务专家"广告。

启动社会电动汽车进入"无忧用电"平台。平台全面提升运维技术水平，降低充电桩故障率，提升电动汽车客户服务满意度，吸引众多新能源电动出租汽车、网约车司机和社会车辆。深入大型物流园进行走访摸底调查工作，实施个性化精准对接行动，因地制宜提供多样化量身定制充电方案，加快占领新兴业务市场步伐。依托公交充电站新建工程，发挥行业内专业的运行维护技术优势，与公交公司达成战略合作协议，全面开拓公交充电站市场。通过加装逆变装置使电动汽车变成移动电站，向用户提供应急供电服务，完善各县供电公司应急保电资源平台数据库。

外部市场业务收入实现增收。开启无忧用电平台全面资源共享，包括发电机、UPS 电源车、低（中）压发电车、箱式变压器、JP 柜、高低压柜成套开关，实现平台注册用户、能源供应商全覆盖，各类应急供电资源达到 1000台以上的平台资源目标。拓展平台"共享型"变压器租赁业务，对接临电用户需求，提供临时变压器"一对一"租赁服务，增设平台用户安全用电监测及配电室托管服务，实现营业收入增收。

平台服务实现全面推广和认可。发扬平台专业保电、保民生服务优势，承接变电站蓄电池全寿命管理和开展用户侧安装电池储能系统新业务，实现新业务增收。目前，已吸引中国铁塔股份有限公司石家庄市分公司、91 送电、深圳市海洋王照明科技股份有限公司等多家动力能源企业签署技术服务合作协议、应急保电业务，得到了用户及社会各界的一致好评。

（三）工作成效

2021 年，实施"1+6"产业升级驱动方案，拓展电管家、无忧用电等新兴业务，原集体企业营收 20.25 亿元。

2022年，深化产业"1+6"发展驱动，思凯公司配网不停电作业取得甲类3级资质A级认证，为全国第三家、省内首家获得该等级认证的原集体企业，无忧用电平台App上线运营，试验检测9项业务获得CNAS认证，思凯设计院取得新能源设计乙级资质，获得高新技术企业认定，原集体企业全年营收19.74亿元。

2023年，产业管理不断加强，完成原集体企业工商变更、并账并表，全面纳入国资监管体系。原集体企业全年收入26.39亿元，创历史新高。

三、对标驱动

（一）目标思路

对标管理是运用标杆管理的原理方法，在企业管理实践中选择行业内外处于领先地位的企业，通过明确企业产品及服务、生产流程等方面的最佳标准，实施一系列有效改进管理措施，达到最佳的标准要求（见图5-4）。

图5-4　对标驱动管理思路

以内部（供配电中心、县公司）对标为业务支撑，以河北公司内部对标为抓手，"大供"点对点对标为交流平台，聚焦"领先石供"目标，瞄准国网"大供"第一方阵和河北公司第一目标。加强对标组织管理，完善常态化分析和管控机制，以正向激励考核为主，激发各部门、单位干事动能，促进各部门、单位不断改进管理，争先创优，推动公司管理能力持续提升。

（二）实施路径

1. 大供对标

为实施对标驱动公司战略，2021 年，石供决定主动开展与部分大供"点对点"对标。增强各部门干事动能，有序开展与先进单位对标学习活动，推动公司治理能力、工作业绩、人才队伍持续提升。

（1）试点开展大供"点对标"对标。根据售电量、资产总额、固定资产原值、地理因素等综合考量，选择安徽合肥、湖北武汉、山西太原、冀北唐山四个大供作为对标对象。对比与目标单位的指标数据差异，学习目标单位先进的管理经验。2021 年，主要和选定的 4 家大供开展数据交换对比，从同业对标指标体系、售电量等经营指标和其他有共性的指标开展对标尝试探索。由于指标体系不统一，仅有少量指标可参考、可对比。

（2）积极参与国网系统内跨省对标和大供对标。2022 年，国网公司系统地市供电单位自发开展跨省对标，各地市自愿参加，并获得国网企协支持。地市供电单位跨省对标指标数据，经国网指标报表中心系统填写、河北公司企管部审核报送、复核等程序，国网公司统一发布指标数据，不进行综合评价。包括公司在内共有 22 家网省的 47 家地市公司参与本期跨省对标。公司主动开展指标对标活动，查找管理短板，学习先进经验。2023 年，国网公司企协下发通知，对标范围限定为大供，共有 26 家网省的 35 家大供参与对标。

（3）深入分析指标结果，查找不足。2023 年，国网大供对标指标共设置 15 项，对标结果仅发布指标数据。为方便对比，每项指标按照指标数据大小排序划分区段，指标排名 1~10 名的为领先水平，排名 11~18 名的为平均水平，排名 19~35 名的为落后水平。公司位于领先水平的指标有 7 项，其中 6 项指标 19 家以上单位并列第一。平均水平的指标 5 项，落后水平的指标 3 项，整体在 35 家大供中处于中等偏上水平。

2. 河北公司内部对标

围绕国网公司战略和发展目标，对标世界一流企业，突出核心业务和问题短板，明确对标层级、对象和形式，形成覆盖省、市、县各层级，上下衔接、一体统筹的指标体系。利用信息化手段，推动数据源头直采和自动推送，减少人为因素影响。按照精简、可量化原则，取消指数指标，精简因子数量，优化计算方法，确保指标导向明确、易懂易算。不断提高对战略目标的服务和支撑作用。从电力保供、优质服务、科技创新、绿色发展、经营效益 5 个方面，构建对标指标体系框架（见图 5–5）。

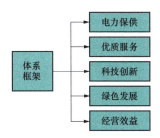

图 5–5　对标指标体系框架

对标指标体系共设置指标 71 项，其中公司级指标 25 项，包括电力保供方面的指标 6 项、优质服务方面的指标 5 项，科技创新方面的指标 5 项，绿色发展方面的指标 5 项，经营效益方面的指标 4 项。专业级指标 46 项。

（1）建立同业对标常态管理机制。建立月度测算、季度分析、半年考核的常态管理机制（见图 5–6）。月度按河北公司对标指标体系统计负责指标完成情况，预测指标达到的段位水平，通过同业对标管理系统填报各项指标存在的问题和拟采取的工作措施。数字化部按各项指标完成情况对未达目标的指标进行预警，督促负责部门落实指标提升措施。季度召开同业对标分析会，分析河北公司发布的对标结果，从横向、纵向两个维度与兄弟单位对比，与往期对比，检查措施执行效果，查找落后指标的管理差距。对问题指标制定公司层级多部门协调和部门层级协调两级管控措施。上半年对标结果发布后，按发布的对标结果落实对标考核，激励负责部门主动加强管理，争先进位。

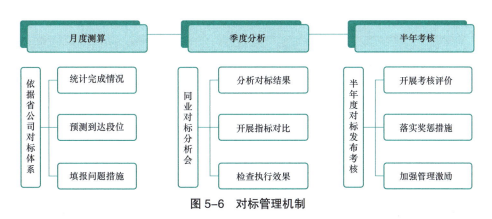

图 5–6　对标管理机制

（2）修订对标考核办法。对标考核实施"整体管控 + 分类管控"，对整体排名靠前的部门和单项指标排名第1的部门奖励,对管理原因造成指标落后的部门扣罚。

整体管控是按各部门负责河北公司内部对标指标达到领先水平的数量和达到平均水平的数量(或综合得分)在河北公司7家地市中整体排名进行管控。

分类管控是按指标排名段位不同分类考核。其中,第一类是领先的指标,在河北公司排名第1,如高损设备占比、人才当量密度、用户平均停电时间等,对领先指标负责部门给予绩效奖励,激励各部门主动学习指标管理提升经验,共同争先进位。第二类是排名落后主要因素是客观因素造成的,如主营业务收入增长率等指标,指标落后主要原因是电量电价增长排名落后。指标负责部门应深入分析指标落后的根源,研究指标提升措施,提出指标提升措施并牵头组织实施。第三类是排名落后但客观因素不是主要因素,管理原因占主要因素,如输变电设备故障停运率、数据管理应用指数等指标。对这类指标加大薪酬奖惩力度。激励负责部门主动想办法,定措施,严格开展指标管控。鼓励负责部门采取技术革新,制度革新,专项计划等提升指标水平,逐步减少直至消灭落后指标。

(3)制定重点指标提升措施。对处于C段和D段的指标进行重点管控,河北公司内部对标季度结果发布后,对照发布情况检查对标措施执行效果,调整管控措施重点,对落后指标进行预警。

3. 石供内部对标

为牵引推动各专业和县公司聚焦国网公司战略目标和公司重点任务,以对标管理为抓手(见图5-7),找差距,促提升,不断提高公司管理水平,公司范围内开展内部对标(供配电中心、县公司)。

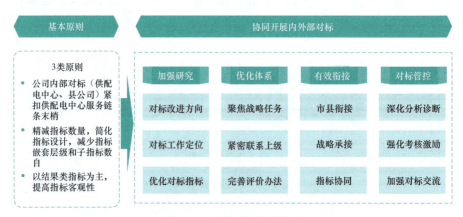

图5-7 内部对标管理体系

（1）对标指标体系基本原则。公司内部对标指标体系紧扣供配电中心、县公司服务链条末梢，连通电网与客户的特点，围绕电网、客户和效益选取指标，重点评价供配电中心、县公司维护电网运行，服务客户需求和保障公司效益的能力。精减指标数量，简化指标设计，减少指标嵌套层级和子指标数目，使指标名称能直观的反应评价内容。以结果类指标为主，原则上选用由专业信息系统自动采集、公司报表自动生成的指标，提高指标客观性。

（2）协同开展内外部对标。加强对国网公司、河北公司对标管理改进方向的研究，针对新形势下对标管理的工作定位，研究优化内部对标。强化指标导向，聚焦公司战略和重点任务，优化指标体系，紧密联系上级单位，完善内部对标评价方法，确保指标体系更加贴合公司战略、更好服务公司中心工作。以市、县各层级间指标的有效衔接为重点，做好指标承接落地。扎实开展对标管控，定期统计发布对标数据，深化指标分析诊断，针对性研究制定提升举措。强化考核激励，推动各专业、各单位加强改进和创新，不断提升管理能力水平。选标杆、亮做法、树典型，鼓励各单位与标杆单位开展对标交流，激励各单位不断改进管理，为各单位对比找差、推动指标整体提升做好服务和支撑。引导各单位结合自身实际在管理上下功夫，通过自身努力在指标上有提高，在管理上有提升。

（三）工作成效

2021 年，内部对标指标共发布 46 项指标，公司达到河北公司先进水平的指标数量和达到河北公司平均水平的指标数量，均排名第 1。

从 2022 年开始，河北公司对 7 家地市公司，分别从指标成长性和先进性两个维度开展对标评价。指标的先进性，主要分析各单位指标值的先进程度高低。指标的成长性，主要评价各单位指标相比上一年度的提升幅度大小。

2022 年，指标先进性对标共发布 36 项指标数据，公司综合得分 122 分，排名第 1，评为 2022 年河北公司指标先进单位。指标成长性对标共发布 31 项指标数据，公司综合得分 96 分，排名第 1，评为 2022 年河北公司指标成长标杆单位。

2023 年，公司级指标先进性评价共发布指标 25 项，公司综合得分 865 分，排名第 1，评为 2023 年河北公司指标先进单位。

四、创新驱动

（一）目标思路

近年来，为落实国网公司以及河北公司创新战略部署，石供始终坚持党建引领，坚持问题导向、目标导向、领先导向，围绕促进安全生产、提高生产效率、提升服务质量，聚焦提升自主创新能力和解决公司实际问题，先后制定了"创新驱动科技行"三年行动计划工作方案、创新工作提升实施方案等一系列举措，完善创新体系，统筹创新资源，丰富创新手段，推进创新实践，进一步激发组织活力、人才活力，促进公司创新体系更加健全、创新氛围更加浓厚、拔尖人才不断涌现、创新成果提档升级，助力公司实现高质量跨越发展。

（二）实施路径

1. 创新机制建设

坚持创新驱动发展理念，夯基础、搭平台、抓成果、育人才，持续加大创新投入，不断提升自主创新能力，开辟公司科技创新、管理创新、职工技术创新协同发展、相融共促的新局面。为全面支撑"建设具有中国特色国际领先的能源互联网企业"的目标，大力实施人才兴企、科技强企、创新驱动，建立"抓项目（项目立项与实施）、抓成果（成果创奖和成果推广）、抓平台（创新中心、科技攻关团队、劳模创新工作室）"的工作体系，建设 **5 项创新机制**：创新体系融合机制、创新项目管理机制、创新成果培育机制、创新平台建设机制、创新成果应用机制。

（1）创新体系融合机制。充分发挥党建引领作用，加强创新工作顶层设计，健全以公司专业管理为主体，基层单位和县公司为基础，各级创新平台为抓手，外部创新资源为协同的创新研究组织方式，突出科技创新引领作用、职工创新广泛带动作用、深挖管理创新价值作用，形成覆盖公司全业务、全专业范围的科技、管理、职工技术创新体系（见图5-8）。通过搭建各级创新平台、项目团队等措施，发挥组织优势提升创新能力，激发党员队伍科研创新活力，促进公司科技创新、管理创新、职工技术创新互融互通协同发展新格局。

（2）创新项目管理机制。建立全口径常态化创新立项储备机制。以重大问题需求为引导，以解决问题实效为衡量标准，面向公司高质量发展、行业科技前沿和生产经营一线需求，加强创新立项预研，提高立项质量，创新项目管理流程见图5-9。以公开信息、公平竞争、公正评选"三公开"方式开展项目"揭榜""挂帅"工作。项目"揭榜"以部门单位为主，依托"创新工作室"、各类柔性组织，以及联合科研院所、企业等社会力量，鼓励跨部门、

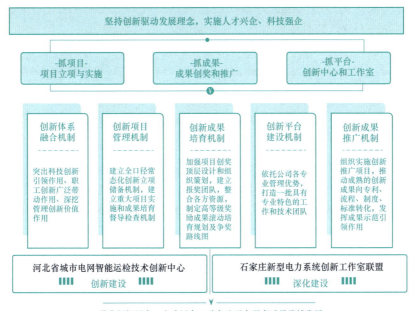

图 5-8　创新管理体系

跨专业、跨单位组建团队。揭榜团队通过竞争方式争取项目，通过专业权威专家对项目团队技术实力、揭榜方案可行性等进行详细评分，优选出揭榜团队。项目"挂帅"原则上面向公司内部人员，由揭榜团队人员竞争"挂帅"。统筹业务和技术双重考量，采取"点将"和竞争相结合的方式确定创新能力强、掌握核心技术的人员"挂帅"。鼓励青年员工"揭榜""挂帅"。

图 5-9　创新项目管理流程

　　项目管理注重自主创新，细化预期目标，及时跟踪任务节点。建立重大项目实施和成果培育督导检查机制，建立公司专家委员会，选拔一批内外部优秀专家，做实做细专家咨询和指导。加强公司各类创新项目梯队建设，制定项目推荐计划，充分发挥公司各级各类创新平台作用，实现创新项目多层次推进。

　　（3）创新成果培育机制。树立"成果创奖"意识和目标，推动成果培育工作关口前移。加强项目创奖顶层设计和组织策划，建立报奖团队，整合各方资源，制定高等级奖励成果滚动培育规划及争奖路线图，细化争奖方案，聘请高等级专家团队对项目定期指导、鉴定。

实施创新激励机制。创新项目成果获得奖项，达成"揭榜"目标的，公司给予物质奖励、精神激励及职级晋升机会。给予创新团队"两雁"人员月度物质"温"激励及创新团队一次性物质"热"激励。选拔推荐"两雁"人员免评公司先进个人，优先推荐各类先进评选，重点推荐符合条件人员职级晋升。

建立项目容错机制。充分考虑创新工作周期长、风险高等特点，破除"怕犯错、怕风险、怕出力不讨好"等顾虑，对由于客观因素出现探索性失误的项目，应在创新项目过程实施中，由创新团队提出对创新项目技术路线、计划、资金变更申请，专业管理部门组织充分论证审核，经公司批准，调整考核周期、创新指标及相应激励措施，让"揭榜""挂帅"者放心大胆地拼搏创新。

（4）**创新平台建设机制。**依托公司各专业管理优势，打造一批具有专业特色的工作和技术团队。以培养锻炼高端人才和团队为目的，深入谋划创新工作内部规范管理和外部力量协同，形成一批规模适当、特色鲜明、结构合理的研究团队。构建创新中心柔性攻关团队，以创新中心研究方向为主，鼓励各单位给予创新人员空间支持，倡导创新人员工作外时间开展创新实践活动，推动公司创新人才专业联动、跨专业交流。

（5）**创新成果推广机制。**依托公司系统内外交流研讨方式，宣传推广公司优质成果。鼓励公司各专业提供宣传展示平台，为创新成果、创新人才提供服务。探索将应用成熟的创新成果转化为公司管理、技术标准，形成制度标准予以实施。建立公司成果推广机制，组织实施创新推广项目，推动成熟的创新成果向专利、流程、制度、标准转化，发挥成果示范引领作用。利用河北公司"双创"中心，转化推广一批创新成果。

2. 创新平台建设

（1）**河北省城市电网智能运检技术创新中心建设。**以"需求导向、聚焦关键，科学定位、优化整合，开放共享，协同创新"为途径，全面开展创新中心建设工作。利用电缆运检中心、变电检修中心、变电运维中心等现有实验室，进行重新装修，先后打造直流设备实验室、继电保护实验室、绝缘油化验实验室及电缆分析监测实验室等场地。**创新项目联合研发。**作为公司技术人才和设备的"孵化地"，创新中心围绕数字化城市电网主动抢修技术、城市电网变电智能运检技术研究和城市电网输电智能运检技术研究三个攻关方向，开展关键技术攻关，与石家庄铁道大学、青岛特锐德、上海置信、河北梵钰科技、保定汇邦电气、驰海科技、拓普电气等多家院校、行业单位开展联合研究。发表核心及以上论文8篇，出版专著3部，授权发明专利16项。取得省级进步奖2次。组织、参与交流会14次。通过实施专利转让11项，共计3.3万元。

（2）深化石家庄新型电力系统创新工作室联盟建设。组建石家庄新型电力系统创新工作室联盟。形成了以单东阳创新工作室、吴灏创新工作室、郭康创新工作室、聚思创新工作室、孙玲创新工作室、张菁创新工作室、李翀工作室、荧光创新工作室等8家国家级、省级创新工作室为主体，思凯电力、拓普电气、汇邦电气等5家技术合作单位为技术支撑的联盟格局。组织联盟创新沙龙。邀请石家庄铁道大学、经研院等成员单位与公司创新团队交流年度创新项目推进计划，为联合项目攻关打下牢固基础。探索人才培育新模式。开展跨工作室"双师带徒"、联盟大讲堂、工作室交流互访等联盟学习交流活动，为创新人才成长开辟更大空间，2名工作室带头人分别荣获河北省五一劳动奖章、省会十大工匠荣誉称号。组织联盟创新沙龙。邀请石家庄铁道大学、经研院等成员单位与公司创新团队交流年度创新项目推进计划，为联合项目攻关打下牢固基础。开展联合项目攻关。组建联合创新团队，开展创新项目联合攻关，针对共性问题，各联盟成员自由选择合作伙伴，两个及以上工作室开展联合项目攻关需制定项目责任书，厘清责任界面。各联合创新项目荣获国家级、省部级评审奖励，联盟成立及成果展示得到省市领导的高度评价。相关工作得到河北日报、石家庄电视台等媒体报道。

（3）加强校企合作，与高校签订科技创新合作协议。与石家庄铁道大学签订科技创新合作协议，双方围绕"出人才、出成果、出效益"的目标，发挥科技、人才、政策等优势，进一步在共建产学研结合示范基地、协同创新攻关、科技成果转化、科技人才"双师"（公司师带徒、校外导师）培养等方面开展深入合作，标志着两者之间的合作迈出了新的步伐，也为石供加强校企合作，拓展产学研渠道夯实基础，促进产学研合作交流，实现创新思维碰撞融合。

近年来，双方先后建成了"河北省城市电网智能运检中心""河北省交通电力网智能融合技术与装备协同创新中心"，并在既有电缆隧道外部作业分区、电缆隧道人员安全保障技术、复杂条件下电缆故障分析等方面开展了6

项研究，经刘尚和院士鉴定，相关成果已达到了国际领先水平。2022 年，双方共同研发的"管廊电力电缆多状态感知的智能化主动运维关键技术及应用"项目获得了河北省科技进步三等奖。

（三）工作成效

2021 年，科技创新方面，牵头成立《河北省城市电网智能运检技术创新中心》，为河北公司首个在地市公司设立的省级创新中心。4 项科技创新成果获得省公司级及以上荣誉。其中，获得河北公司一等奖 1 项。管理创新方面，被授予"河北省企业管理创新先进单位"荣誉称号。16 项管理创新成果获得省公司级及以上荣誉。其中，获得国家级、行业级奖项各 1 项。职工技术创新方面，公司代表河北公司在全省"五小"活动交流会上作典型发言，得到时任省总工会副主席张树华的高度认可。牵头编写《河北省劳模和工匠人才创新工作室建设规范指导手册》，并在全省印发执行。10 项职工技术创新成果获得省公司级及以上荣誉。其中，全国能源化工一等奖 1 项、二等奖 3 项、三等奖 1 项。

2022 年，科技创新方面，首次牵头《需求侧电碳协同主动支撑高比例分布式光伏消纳的响应策略和激励机制研究》项目，在国网公司科技项目成功立项。9 项科技创新成果获得省公司级及以上荣誉。其中，《电力管廊多状态在线监测与智能化运维关键技术及应用》项目获得河北省科技进步三等奖。管理创新方面，被授予"河北省企业管理创新先进单位"荣誉称号。15 项管理创新成果获得省公司级及以上荣誉。职工技术创新方面，牵头组建石家庄新型电力系统创新工作室联盟，并形成以 8 家国家级、省级创新工作室为主体，5 家技术合作单位为支撑的联盟格局。8 项职工技术创新成果获得省公司级及以上荣誉。

2023 年，科技创新方面，首次牵头承接国家能源局《基于实时数据的可靠性监测与在线评估》项目。6 项科技创新成果获得省公司级及以上荣誉。《面向绿色低碳发展的城市电网运行风险评价与预防调控技术及应用》项目获得天津市科学技术进步二等奖。顺利通过中电联组织的"5A 级标准化"评价认证。"辛集市智慧电力科普基地"成功申报河北省科学技术协会科普基地，"正定塔元庄智慧用电科普示范基地"成功申报石家庄市科普基地。管理创新方面，13 项管理创新成果获得省公司级及以上荣誉。其中，获得国家级二等奖 1 项。职工技术创新方面，公司创新成果《高压开关柜智能检修作业机器人》作为第二届大国工匠创新交流大会河北省展厅唯一电网企业成果参加交流展。8项职工技术创新成果获得省公司及以上荣誉。其中，1项成果获得全国职工优秀技术创新成果三等奖。

五、供电所"两化两提升"

（一）目标思路

围绕"优化资源配置、提高管理水平、提升效益效率"的目标，以营配调数据治理、多系统融合贯通，实施供电所典型架构优化，规范岗位职责、专业制度、流程标准，适应性落实网格化管理模式。坚持"业务线上化、任务工单化、监控可视化"全面推广数字化供电所管理平台应用，提升数字化供电所基础建设水平，打造供电所"业务自动化、作业移动化、服务互动化、资产可视化、管理智能化和装备数字化"的数字化管理新模式，推进供电所质效提升，争创数字化供电所标杆示范。

（二）实施路径

强化组织领导，强力提升供电所运营模式。强化组织领导，成立领导小组和营配调数据治理、平台贯通应用及集约监控、供电所绩效考核三个专业工作组。编制《优化供电所运营"两化两提升"实施方案》《加强供电所建设"两化两提升"实施方案》。建立推进体系。组建以主管副总经理为组长，各专业部室负责人为成员推进工作专班，设营销部牵头推进办公室，形成周例会机制，强力推进"两化两提升"及县级集约监控工作。

1. 优化管理配置，完善业务流程

规范组织模式、岗位职责，完善工作标准及业务流程，结合实际科学划分供电服务网格，落实"网格+人员"精益化全覆盖。发布供电所管理规范典型设计。编制供电所典型组织架构（见图5-10），满足山区、平原不同的网格化管理要求。制定供电所组织架构典型设计方案。编制供电所班组设置、专业规范、专业标准及流程、系统应用要求及评价标准。规范岗位职责，优化"网格化"管理模式，通过工单线上管控、精准绩效，提升网格长工作质效。

2. 延伸专业管理，增强专业管控能力

发布供电所专业流程规范，进一步增强专业部室对供电所管控能力。通过规范供电所专业管理流程，解决市、县两级专业部室对供电所管控穿透力

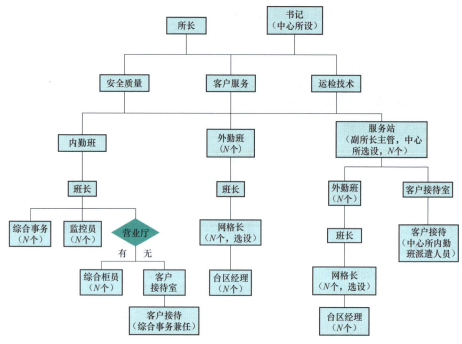

图 5-10　供电所典型组织架构

不足问题。通过修订完善供电所技术标准、现场作业指导书和指导卡，推动专业系统之间的业务协同并形成统一的标准和管理要求。

3. 平台建设应用

应用营配调数据治理成果，推进多系统融汇贯通，完善数字化供电所管理平台，实现供电所全应用、全覆盖。推进供电所移动业务向"i 国网"迁移，支撑"业务全线上、工单全监控"，减轻一线负担。

（1）融合数据资源，实现"一平台、一终端、一 App"。通过数字化供电所建设，为员工配置对应角色权限，实现"一员工一账号"。搭建统一数字化供电所全业务支撑平台，县公司全部实现业务线上化、任务工单化，通过"一账号"在"一平台"实现多系统单点登录、跨系统数据共享，辅助管理人员、内外勤人员开展供电所日常管理与业务处理，提升工作效率及服务效率。整合供电所现场需多个移动作业终端的现状，工作人员可以在现场使用"一终端"及时获取和更新业务数据，提高工作的及时性和准确性。依托手机背夹终端，将外网移动作业 App 统一整合至 i 国网，在县公司供电所全面推广应用"个人手机＋背夹"作业新模式，减少现场作业设备携带数量，提升业务响应能力。

（2）创新"7+1"系统贯通及应用升级。创新开展"7+1"系统贯通（见图5–11），积极研发"营销、设备、人资、安全、物资、党建、综合"+"营配调数据治理"的"7+1"系统及16个专业系统（SG186、用采、智电、供服、线损、阳光业扩、营销安全、营配治理等）与数字化供电所全业务支撑平台融合贯通。实现"业务一站办理、任务一次派发、指标一屏统揽"等系统功能。实现了供电所"三全"，即系统全贯通、业务全工单、指标全监控；"三减"，即减少重复登录、减少重复录入、减少管理链条；"三加强"，即加强作业过程管控能力、加强业务事中管控能力、加强指标异动管控能力。

图 5–11　供电所"7+1"系统

（3）数字化平台全面推广应用。线下纸质工单全部纳入线上数字化平台管理，平台实用化情况接近99%；建立平台应用日报机制，每日通报各单位应用情况。在公司主页设置专栏，传达工作部署、应用评价排名、开展经验分享、了解最新动态，进一步提升系统应用数量和质量。

4. 推进县级供服分中心集约监控

坚持"试点先行、全面推进"原则，强化市县所"三级推进机制"，明确市县所"三级职能定位"，规范"三类制度标准"（工作职责、岗位规范、专业标准及流程），推进"五个升级应用"（数字化装备、数字化系统、数字化应用、集约化运营、精准化绩效），实现供电所"三全管理"（系统全贯通、业务全工单、指标全监控），落实"三精绩效"（精准评价、精准激励、精准画像），推进县级集约"三个融合"（监控融合、专业融合、机构融合）和市级营销全业务监控。

推进县级"供电服务指挥中心"与"智能用电指挥平台"业务融合，以供电所全业务工单驱动、指标管控、质量监督推广供电所业务县级集约，减轻基层管理负担，实现县级"供电服务指挥分中心"延伸融合管理全覆盖。开展综合评价竞赛活动，推动供电所建设与县公司管理取得新突破。

（1）**明确职责标准**。组织编制县级集约任务清单、管理职责规范人员配置典型规范等建设文件。人员配置方面，组建成立县级供电服务指挥分中心，实现实体化运转。

（2）**强化"三级推进组织"**。市公司层级，明确"统一建设标准、突出线上管控、开展闭环评价和基层单位突破创新"的具体要求，发布推进方案、中心机构设置实施方案。**专业统筹推进**，依托供电所综合协调机制，各相关部门主动参与，分别配置推进员负责专业支撑，打通专业壁垒和系统限制。**组建柔性团队**，结合供电所管理人员少、兼职多的现状，集合管理人员和优秀供电所长成立柔性推进专班，充分结合供电所实际开展系统建设和完善。**周调度月评价**，主管领导每周进行调度，每月组织"两化两提升"供电所建设评价，县级集约监控评价。

县公司层级，明确"主要负责人负责、主管副职配合支撑、各专业协同配合"的工作机制，确保推进质效，实现县级集约县公司全覆盖。

供电所层级，作为最小的执行单元，最能检验应用效果，反映暴露问题和提出意见建议。选定供电所作为试点，先行先试快反馈，及时修正设计偏差和补充管理盲区，有效提高行动实际效果和减负成效。

（3）**明确"三级职能定位"**。市县所监控业务分层分级向上集约、工单分类分时限分角色向下派发；横向市级统筹协同、县级融合监控。市级智能用电指挥平台：推进系统板块建设，突出"事前预控、事中督办、事后稽查"完善功能主题设置，规范监控职责、派单标准、督办时限。县级供电服务指挥分中心：向上承接市级派发工单，向下集约供电所监控业务，监测供电所对标体系多项指标、财务提质增效指标，落实分层分级业务监控、工单派发、指标预警和督办，减轻供电所内勤业务负担。集成电网运行、营销业务和客户信息资源，深挖营配调数据成果应用，实现跨专业资源共享和价值协同。定期发布日报、周报和月报，督办各业务部门指标、专业管控情况。供电所数字化综合管理平台：贯通专业系统平台，建立关联业务流程、自动推送填录信息，实现供电所"业务线上化、任务工单化、监控可视化"。

（4）**成立营配融合县级供电服务指挥分中心**。集约专业指挥、调度、监控及供电所相关业务，解决供电所内勤员工系统监控、管理事务性工作负担重的问题，切实为基层做到减压减负。依托生产、营销等信息系统应用，以提升供电可靠性和优质服务为重点，建设县级供电服务指挥分中心，充分利用"数据贯通和信息共享"促进"专业协同和业务融合"，大力优化资源配置、调整业务布局、完善业务体系、健全工作机制。建设集供电服务、运营指挥、全业务监控、营配调贯通于一体的综合性支撑机构，成立营配融合的县级供电服务指挥分中心。

（5）建立数字化协同组织体系。县级供电服务指挥分中心实行总经理直管、副职协管、营配专业协同管理模式，有效整合专业骨干人员，履行监控、督办、分析职责，梳理岗位职责界面，编制营销类、运检类系统融合流程，确保协同体系有序运转。通过发布关键指标月分析、主营业务日监控通报、重点任务进度、供电所综合测评报告等，服务于主要领导决策、专业管理支撑和精准派单管理。

（6）推进县级供服分中心集约监控升级。深度融合供电服务指挥中心、智能用电指挥平台及供电所管理类业务县级集约监控。实现试点建设任务，并在全部县公司推广实现实体化运行。向上承办市级智电平台、供服指挥中心下派的任务，对接县营销部、运检部、调控分中心等专业，开展营销、生产等全业务工单监控，向下对供电所下派业务工单，开展监控、预警、督办、回单、考核。服务于煤改电、需求侧响应、重要客户保电等场景应用，并对智电工单线上管控情况进行每天通报。

（7）明确重点监控主题，统一两级监控清单，推进供电所专业指标上划管控。聚焦电费、计量、业扩、线损四大营销核心专业，梳理市级智电平台监控指标300余项，打通智能用电全业务平台与供电所综合管控平台，贯穿智能用电全业务平台督办流程与数字化供电所全业务支撑平台，实现100余个主题市县所三层管控模式，建立自动下发、自动归档等三种异常管控模式。

实现跨专业资源共享和价值协同。集成配网抢修、营销服务和客户信息资源一体，定期发布日报、周报和月报，督办各业务部门指标、专业管控情况，深挖营配调数据成果应用，提升专业管理、分析能力。

细化指标分层分级管理，实现市县联动、上下衔接的闭环管理。横向将平台整体百项指标进行层次划分，分为指标类、预警类及异常类。纵向按照"分级管理、梯级管控"管理思路，将所有指标区分为市级管控指标及县级管控指标，市、县两级根据职责界面进行业务监控。

深化业务自动化链条，全方位提质增效。建立全环节自动化链条（见图5-12），针对监控指标，设置自动预警实时短信提示，助力监控效率有效提升。针对专业重点管控主题，设置工单自动派发与审核流程。

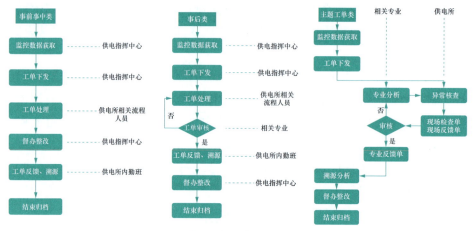

图 5-12　全环节自动化链条

（8）强管理、树典型，打造正定、井陉县级供服分中心示范标杆。

正定公司调整牵头管理架构。整合供电服务指挥中心、智电平台等 6 个中心，成立智能运营中心实体机构，明确县级集约牵头管理职责，构建"县—所"两级集约管控模式。县级层面，安排 4 名专职数据运营师和 1 个班组将原有各业务系统中的核心关键内容进行集约整合，重组 9 项业务场景，简化 36 项具体流程、细化 72 个管理标准。通过"4+9"人员配置替代原有县所两级 40 余人工作量，有效降低人工成本。供电所层面，依托供电所内勤班设立"数据运营小组"，形成"县—所"两级工单化集约管控模式，运营小组依托数字化供电所平台开展工单转派、时长督办、质检反馈等相关工作，进一步提高专业部门和基层供电所响应精度和速度，实现县、所、台区业务链条贯通。打造集约监控系统，依托企业级实时量测中心、数据中台，打造河北南网首个县级的"智能运营平台"，实现 8 大系统共享互联、一屏统览。在 55 类指标集约管控的基础上，形成对设备状态、停电事件、量、价、费、损等生产、营销类共计 87 项指标数据互通、共享、"一屏式"输出的智慧运营指挥模式，推动关键业务数据的可视化监测及异常数据智能预警。

井陉公司健全"165N"长效管理机制。按照梯级管控、分级管理、定期会商、需求反馈、监督评价模式，形成纵向衔接有序、互动循环畅通的工作机制，建立了一套完整的管理体系、监控涉及 6 大业务范畴、创新多种管理方式和开发应用多项 RPA 技术。累计发布日报、周报、月报、总经理督办工单、异常工单，发现并完成整改异常，实现全部县所两级工单线上流转闭环，解决工单留痕、跟踪销号问题，异常处理速度同比增长 35%。**深化基层减负。**重点对供电所 55 项清单定点监控，36 项指标统一公开，异常综合分析，多专业问题一口答疑，解决供电所重复性操作和数据统计项工作 23 类，节约人力资源 34%，提升工作效率 31%，实现供电所管理以"数"支撑，用"智"管理。**拓展集约主题、饱满集约维度。**将全量设备运行实时监测、重点用户监控等负荷管理主题纳入县级集约监控主题，拓展县级集约的内涵和外延，饱满集约维度。**发布电力荣枯指数，增强政企服务能力。**主动对接政府，每月发布"企业电力荣枯指数"报告，其中重点包括整体企业、规上企业、小微企业电力荣枯指数，助力政府了解企业经济趋势，进一步助力电力数据发挥"政用、企用、民用、自用"作用。

5. 深化平台应用

（1）深化五项项基础底座、十九项高频场景应用。

依托数字化供电所平台（见图 5-13），深化五项基础底座、十九项高频场景应用，打造智能仓储、智能监控，由一终端为载体，建成"业务自动化、作业移动化、服务互动化、资产可视化、管理智能化和装备数字化"的数字化供电所。

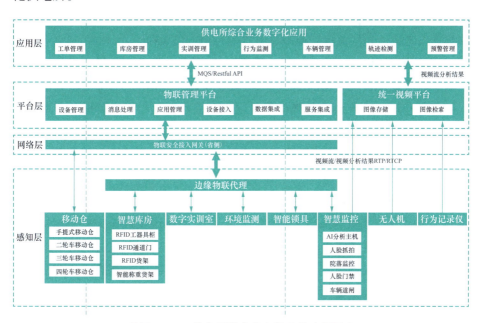

见图 5-13 供电所综合业务数字化应用平台

深化内勤"7 个助手"、外勤"六个一"高频场景及"i 国网"移动应用，实现数字化供电所 App 与采集闭环 App、营销移动作业 App、营销安全 App 跳转功能优化升级。完成数字化供电所全业务支撑平台一次绩效、二次绩效功能模块升级。

试点先行，建设电费、计量、业扩、线损、抢修、绩效、营配治理 7 个"两化两提升"典型应用场景。

正定公司基于数字化供电所平台推广应用，全面整合电费、计量、业扩、线损、抢修、绩效、营配治理 7 个业务场景，利用系统筛查，及时发现指标异动、问题数据，督办现场核实和问题处理。建立"智能运营中心—营销部—供电所"三级管控提升机制。智能运营中心作为各场景工单的源头监控发起部门，负责整合监控各类工单。营销部作为各场景异常工单的审核监督部门，负责监控分析异常工单真实性及初步判断异常原因，同时监督检查供电所工单处理质量。供电所作为工单处理执行单位，负责各类工单现场调查、处理及回单。建立"工单看板 + 绩效看板"上墙公示机制。将各场景工单对应员工绩效，通过月度评价展示，营造亮比评工作氛围，实现干与不干不一样、干好干坏不一样、干多干少不一样。创新应用 RPA 场景建设应用。基于线损、计量、电费、业扩四类场景，分别开展 T–1 线损计算、用电采集系统召测、关联户电费测算、光伏监督 4 个 RPA 场景应用建设。实现精准降损，自动测算出电费，光伏流程、环节、时限进行全方位监控。

栾城公司线损分析治理场景应用 RPA 计算各台区 T–1 日供、售电量，损失电量和线损率，筛查异常台区并及时派工处理。光伏可报装容量分析场景辅助台区经理快速判断当前光伏报装用户是否可接入台区及可报装容量，有效提升工作效率及用户办电体验。电费电价场景依托 RPA 生成的"实时测算电费明细"，实现催费"短信自动发送，工单自动生成"，减少人工成本，提高工作效率。计量采集场景应用 RPA 自动筛查失压失流、负电流、反向电量、分相台区负荷、零火不平等异常情况，有效把控台区日线损，精准锁定异常用户，及时发现计量故障或者窃电违约。故障抢修场景依托 PMS、配抢 App 及数字化供电所全业务支撑平台，实时派发抢修工单，确保供电所配网抢修的高效开展。营配贯通场景建立数据主人目录、数据主人制清单、数据主人制台账，开展排查整治，实现"站、线、变、户"系统与现场相符，控增量、去存量，推动营配贯通率、图数一致率、拓扑连通率达 100%。绩效管理场景依托数字化供电所全业务支撑平台，建立供电所数字化绩效模型，实现"业务工单化、工单数字化、数字绩效化"管理，驱动内生动力，实现基层减负、提质增效。

（2）推广供电所 RPA 工具应用。

开展各县公司的供电所 RPA 工具推广，达到每个供电所至少有一人会用 RPA 工具，至少有一个在用的 RPA 场景。实现专公变全量采集自动召测、台区线损 T–1 测算机器人、供电所物料管理机器人、配变过载监控机器人等 RPA 开发。

（3）推进"两型"供电所数字化装备升级。

1）打造示范型、标准型数字化供电所。

为示范型供电所配备数字库房配置智能工器具柜、称重货架等仓储设施；为标准型供电所配备数字库房配置 RFID 标签及出入库控制系统；自动关联工单、领用人和物料，实现物资数字化管控。升级环境监控设施，强化供电所安全防护。建设标准统一的供电所视频会议室，实现市县公司远程视频会议直开到所。建成示范型、标准型数字化供电所。

2）积极推动"两型"供电所数字库房、智能监控应用。

编制完成"两型"供电所数字库房、智能监控应用手册，主要包括配置标准、操作说明、维修维护、常见故障处理等；在供电所内安装智能监控设备，结合"两化两提升"竞赛评价活动，组织开展"两型"供电所数字化装备应用评估，有效提高供电所数字库房、智能监控实用化水平。

（4）开展"数字 + 现场"基础管理提升活动。

创新供电所管理督查模式，依托智电平台通过数字化监控等装备，开展远程视频 + 系统全景监控。通过智能远程方式开展供电所基础管理提升行动，发现供电所环境卫生、工器具定置摆放、车辆摆放等问题，并组织进行整改。实行一般问题 1 周内、复杂问题 2 周内销号制度，实现了高效的供电所管理督查模式（见图 5–14）。

（5）持续开展"两化两提升"竞赛评价。

开展"比应用、比质量、比创新、比贡献"四比活动，实行每月"一评价、一分析、一通报"。结合"两化两提升"要求及内容，公司持续优化评价内容（评价内容包括数字化供电所平台实用化、供电所对标、基础管理提升、智电平台应用、智电工单线上管控、营销现场作业平台及数据主人制等方面），并对县公司前三名展开表扬，纳入绩效奖励。多渠道收集员工合理化建议，营造浓厚的竞赛评比氛围，使基层充分发挥主观能动性、创新创效。

图 5-14　离岗检测图像

注：在岗离岗监控，在营业厅工位部署 AI 人工智能监控，内置人工智能算法，通过"深度学习＋深度图"的三维信息，检测目标，当人数与配置不相符的时间超过配置的阈值时即产生报警。

6. 精准化绩效考核

推进供电所精准绩效及数据治理升级。 精准绩效管理激发工作质效，全面应用绩效考核评价系统，开展供电所、供服员工立体式线上精准考评，实现绩效积分与收入的精准匹配。通过数字化全业务平台"工资清楚表""工作明白单""员工绩效画像"等可视化功能，让员工明白本人的积分高低及收入多少，及时发现工作不足及短板，实现绩效薪酬融合一体应用。开展"绩薪一体"数字化融合联动，打造"主营业务考核＋业绩指标考核＋拓展业务考核"的量化得分"一键直算"功能，实现考核结果与收入分配"强挂钩"。挖潜增效实现新增长，实施业务拓展，提高外部创收增效。

（1）**建立绩效三级考核评价体系。** 实现县公司供电所的绩效考核评价系统覆盖应用。基于"县公司、供电所、供服员工"三个维度，建立县公司业绩考核、供电所"两库一目录"、供服员工"三项考核"评价体系。建立"基本盘＋蓄水池"的工资总额核定机制，实现供服员工收入与员工"三项考核"积分挂钩。

（2）**优化平台绩效功能，建立精准考核体制。** 以"绩优多得，多劳多得"为目标，建立供电所数字化绩效模型，差异化开展工单星级评价，实行绩效薪酬融合一体应用，开展"绩薪一体"数字化融合联动，打造"主营业务考核＋业绩指标考核＋拓展业务考核"的量化得分"一键直算"功能，实现考核结果与收入分配"强挂钩"，合理拉大基层员工月度薪酬，有效提高了工作积极性。实行工单化精准绩效考核机制后，供电所员工普遍的月收入差距增大。挖潜增效实现新增长，实施业务拓展，提高外部创收增效。

（3）开展"两化两提升"绩效精准化现场督导检查。针对数字化精准绩效在各县公司应用程度不够的问题，开展"两化两提升"绩效精准化现场督导，重点对人员、考勤、培训管理等方面开展严查，有效填补了供电所基础管理薄弱环节，达到了"三级考核评价体系建立，优化各层级薪酬分配机制，完成绩效考核评价系统全覆盖应用"成效。

（三）工作成效

2021 年，供电所运营模式持续优化，开展以管理数字化提升工作质效、以考核精准化提升激励效果的"两化两提升"专项行动，推动县公司、供电所 5 大数字平台全覆盖。

2022 年，开展"两化两提升"专项行动，全面推广县公司生产营销业务集约监控管理模式，构建供电所综合业务数字化管控平台，将 15 类 312 种任务工单化管理，打造"一平台、一入口、一终端"；建立三级考核评价体系，优化分配机制，激发供服员工干事活力。

2023 年，累计建成 69 个数字化供电所，基础管理规范高质量通过河北公司验收，元氏陈郭庄所东阳村、井陉秀林所神堂寨村、栾城柳林屯所故意村被评为国网公司"村网共建"示范点。

六、"雁领"创新人才工程

（一）目标思路

人才资源是企业发展的第一资源，是各类创新活动中最为活跃、最为积极的因素。习近平总书记在党的十八届五中全会讲话中指出，必须把创新作为引领发展的第一动力，把人才作为支撑发展的第一资源。新形势下，公司和电网比以往任何时候都更加需要强大的创新支撑，而创新人才培养作为企业创新和人力资源管理体系的重要组成部分，必须与国家战略、企业转型、职工发展等重大需求相适应。

（二）实施路径

面向新时代新要求，石供全面深化创新人才培养，实施"雁领"创新人才工程（见图 5-15），把创新人才选拔培养与科技创新、管理创新、职工技术创新三类创新项目紧密结合，聚焦创新人才的选、培、用、评、服一体化管理，从目标定位、张榜揭榜、评榜奖榜等方面精准发力，全面激发创新内生动力和员工创新热情，形成以"雁领"创新人才为主体的公司人才队伍体系，营造大力发掘创新人才、培养创新人才、用好创新人才，推动创新人才脱颖而出的良好环境，为公司高质量发展贡献人才力量。

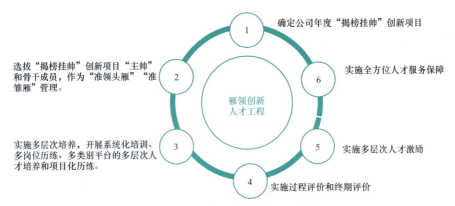

图 5–15　"雁领"创新人才工程结构图

实施创新项目"揭榜挂帅"制，"上下结合"的形式，全面征集"创新课题"，采取"点将＋竞争"确定"挂帅"人选，签订"军令状"，明确责权利、量质期，择优立项，确定重点项目。实施多层次激励，引导优秀人才通过创新，实现自身价值和企业价值同向同增。

1. 建立选拔培养机制，提升创新人才基础素质

从征集确定的"揭榜挂帅"创新项目中选拔项目"主帅"和核心骨干，分别作为创新"准领头雁"和"准雏雁"人才进行管理。深化"雁领"创新人才培养，举办创新专题培训，安排"准领头雁"授课，成立河北省城市电网智能运检技术创新中心，组建"柔性攻关团队"，组织到科研机构学习交流，提升创新能力。

明确选拔规模。"领头雁"人才工程每年选拔 20~30 名优秀人才，担任公司创新团队"主帅"，作为公司"准领头雁"人才进行管理。"雏雁"人才工程在每支创新项目团队选拔 1~3 名核心骨干人员，作为公司"准雏雁"人才进行管理。

严格选拔条件。"准领头雁"需贯彻落实党的路线方针政策和公司制度规定，忠诚企业，遵纪守法，廉洁自律，担当作为，敬业奉献，同时在科技创

新、管理创新或技术革新方面具有先进性、引领性，工作业绩突出。"准雏雁"需满足政治素质、岗位、年龄、绩效、业绩条件。

发挥引领传承。秉持"能者为师、倡导分享"的原则，在实施创新过程中，赋予"准领头雁"技术线路决策权、团队组建权、内部分配权，充分发挥其组织、管理、协调能力和言传身教、指导教育团队成员传承育人的作用。

加强人才培养。实施系统化培训、多岗位历练、多类别平台的多层次人才培养和项目化历练，坚持创新项目与能力提升同步发展，在创新项目中给"准雏雁"压担子、挑大梁、搭平台，赋予相应的责任和使命，在创新项目中经受磨炼加快成长，鼓励"准雏雁"争做公司创新项目工作的先锋队、排头兵，促进公司创新人才队伍人才辈出、青蓝相继。

2. 实施过程与终期评价，促进创新人才自我加压

"雁领"创新人才工程实施过程评价和终期结果评价。公司创新管理委员会依据项目研发、申报奖项周期特点开展"准领头雁"过程和终期结果评价工作。由项目"主帅"（"准领头雁"）对"准雏雁"进行过程和终期评价（见图5-16）。

◆ 以定性评价为主；
◆ 可对项目滞后或表现差的"准两雁"进行预警，停发"温"激励，评价合格后恢复。

◆ 定性和定量评价相结合；
◆ 以创新项目取得的成果、获得的奖项为依据进行评价。

图 5-16 过程评价和终期评价主要内容

过程评价，以定性评价为主，通过开展"雁领"人才过程评价，落实过程监督，及时评价创新项目实施期间"两雁"表现，干预纠正发现的问题。

终期评价，通过开展定性与定量结合的终期评价，一方面发现识别表现优异、成绩突出的"准领头雁""准雏雁"，另一方面加强"揭榜"人员的履职尽责意识，对未按期完成兑奖承诺的创新项目团队进行考核。

3. 实施多层次人才激励，激发创新人才内在动力

建立物质、精神、晋升多层次激励机制（见图5-17），营造"尊重劳动、尊重知识、尊重人才、尊重创造"的良好氛围，充分激发创新人才的荣誉感

图 5-17　多层次人才激励机制

和使命感，起到"表彰一个，影响一片"的带动作用。

物质激励方面，一是按照创新类别、参与角色、申奖目标等级，为创新项目团队"准领头雁"和"准雏雁"每月发放物质激励；二是项目取得预期成果后，为创新项目团队"准领头雁"和"准雏雁"发放一次性"热"激励。

精神激励方面，一是邀请优秀"领头雁""雏雁"参与公司"建言献策"、参加或列席"两会"等；二是择优选拔奖项高、成效好的"领头雁""雏雁"，推荐直接免评公司先进个人，优先推荐参与上级单位各类先进评选。

晋升激励方面，对于取得显著成果且获得一定级别荣誉的"雁领"创新人才，符合人才评选、职员聘任或"青蓝计划"基本条件的，重点推荐人选。

4.成立人才服务之家，服务创新人才解决问题

人才服务之家负责实施服务人才的各项工作，主要包括创新人才的培训、推荐、调配，协调创新项目所需的资金、场所、设施、设备、时间等资源，实施公司党委联系创新人才工作，落实创新人才的各类待遇，为创新人才提供高质量的职工关怀服务，做好创新人才个人事迹和创新成果的宣传工作等。

（三）工作成效

2021 年，实施"雁领"人才、服务之家、创新提升专项行动，开展创新项目"揭榜挂帅"，培育14 名"领头雁"和39 名"雏雁"，7 项管理创新成果和4 项职创成果获得省部级奖励；以城市电网智能运检技术为着力点，与河北省科技厅、石家庄铁道大学联合创建地市公司首家省级创新中心，电缆科技成果首次通过院士专家鉴定，公司科创水平显著提升。

2022 年，全年选拔 12 名创新"主帅"和"准雁领"人才 72 人，完成 12 个项目"揭榜"承诺，累计发放"温"激励 55.06 万元，兑现"热"激励 45.5 万元，高标准评选市公司级专家人才 9 人、电力工匠 6 人、青年先锋 28 人，2 人当选河北公司高级专家、1 人当选河北公司电力工匠、11 人当选河北公司青年先锋，队伍活力进一步激发。联合 7 家单位牵头成立石家庄市新型电力系统创新工作室联盟，首次牵头承担国网公司总部科技项目。

2023 年，深化"雁领"创新人才工程，选拔"准两雁"人才 65 名，抓细"揭榜挂帅"项目全过程管控，兑现"温"激励 47.49 万元、"热"激励 30.1 万元。1 人当选国网特级技师、河北公司高级专家，2 人当选河北省突出贡献技师，1 人获得国网公司青年岗位能手、2 人获河北省技术能手，1 人当选石家庄大工匠，3 人当选河北公司电力工匠、11 人当选河北公司青年先锋，评选出公司级专家 4 人、青年先锋 28 人，32 名青年获省公司及以上表彰。供电可靠性研究项目中标国家能源局世界银行项目，成功通过国网公司科技项目指南评审，首获国家级项目资金支持；线损管理研究项目作为牵头单位立项河北公司"揭榜挂帅"项目。

七、机器代人

聚焦解决实际困难和业务痛点，以实用化应用落地为目标，提升场景驱动创新水平；坚持系统思维，加强业务协同，积极推动传统应用创新发展，形成行业标杆，突出领先示范；坚持"机器代人"数据价值挖掘，发挥数据赋能影响，推进人才培养，形成数字发展合力。

（一）目标思路

1. 挖掘替代需求，推进场景应用

深入挖掘"机器代人"替代需求，面向全公司范围开展试点征集，整理形成重点任务，力争年末完成任务建设，加速推进设备（输电、变电、配电）、调度、安监、营销、建设、财务、数字化等专业，多项"机器代人"场景应用。

2. 探索深度替代，打造引领示范

在各专业领域形成系统性、专业性、实用性的深度替代应用，转变传统专业管理模式和习惯，形成数字转型管理示范。通过开展公司"机器代人"，打造安全生产、电网建设、优质服务、供电可靠性、线损治理、优化营商环

境等行业标杆引领。

3. 深化数据赋能，提炼典型成果

开展"机器代人"数字化转型，实现业务数字化替代，深度挖掘专业转型价值要素，不断深化各项数据赋能应用。重点提炼区域智能巡检、一键顺控模式建立、供配电服务体系落地、继电保护远程巡检、智能服务机器人投运、RPA 数字机器人应用等优秀案例，力争形成典型成果并行业推广。

4. 落实转型职责，培育机器主人

应用"机器代人"推进公司"业数融合、业务转型"，明确规则、落实职责，围绕公司核心业务开展定源操作，培育机器主人。建立"专业管理、县（中心）、所（班）"三级人员"机器、业务、岗位"关联矩阵，明确各级、各类机器主人"责、权、利"。实现"机器代人"多项专业模型打造。

5. 打造星火团队，孕育科创中心

聚合各专业人才力量，打造"机器代人"星火团队，形成"机器代人"研发核心。以提质增效、业务创新为出发点，力争在"代人"工作实施中，孕育"机器代人"科创中心，统筹开展"机器代人"任务场景需求、研发、引进、推广、保障等全链条业务。

（二）实施路径

以"机器代人"科创中心为载体，加速完成各项"机器代人"任务的需求分析和场景应用，设计和开发"机器代人"模型，构建各类"机器代人"重点工作任务，实施自动化工具和人工智能技术介入，加快完成各类"机器代人"智能提升和应用水平提高。

1. 设备管理精益化提升类

在电网生产环节通过"机器代人"在输配电架空线、变电站、地下电力隧道、作业现场安全管控等场合应用，改变电力传统运维及管理方式，提升安全生产智能化水平。

（1）"机器代人"应用场景和需求分析。应用需求包括：一是实现电缆本体监测、环境监测、安全防范监控、火灾消防监控、灾害监测信息的全面感知和交互；二是改变传统变电运维操作模式，能够远离设备进行远控操作，将站内设备的倒闸操作由"小时级"转变至"分钟级"；三是实现城市四防重点变电站例行巡视机器替代，十四五末实现全部 220 千伏变电站例行巡视机器替代，提高巡检工作时效性和精益化水平，实现传统人工巡检向机器巡检

的智能巡检方向转变；**四是**通过无人机全自主巡检作业模式创新、示范拓展，完成配电线路缺陷智能化管控，实现整体缺陷"发现—处理—闭环"流程效率提升，并有效拓展现场查勘、工程验收、故障特巡、安全稽查、应急抢险等多业务场景应用，以无人机采集数据为基础搭建配网巡检数据管理体系，驱动公司配网运维管理模式转型；**五是**建成基于安全风险管控监督平台的远程督查体系，以设备互联功能及智能识别功能作为技术支撑，搭建现场与后台互联网络，增强线上与线下督察优势互补，提升违章智能识别效率，实现作业计划透明化、安全督查在线化、违章识别智能化。

（2）**"机器代人"模型**。通过公司"机器代人"重点任务建设，初步形成包括电力隧道传感机器人、变电站智能巡检机器人、变电一键顺控机器人、输配电线路无人机飞巡机器人、安全风控远程督查机器人等在内的"机器代人"模型。

（3）**自动化工具和人工智能技术应用**。一是选取摄像机、传感器、无人机、后台采集终端等自动化工具，应用状态感知技术、三维激光点云技术、图像识别技术、GPS 技术、GIS 技术等实现公司范围内电缆廊道巡检、输配电线路巡视和变电站区域巡检。二是采用顺控主机与智能防误主机、间隔层设备及一次设备双确认装置等协同工作，并通过操作项目软件预制、操作任务模块式搭建、设备状态自动判别、防误联锁智能校核、操作步骤一键启动和操作过程自动顺序执行等功能，完成变电倒闸传统模式的改造和升级。三是应用布控球、摄像机、检测装置、报警器、安全风险管控监督平台等工具，利用视频监控技术、在线监测技术、采集技术等完成作业现场等场所的风险管控和安全监测。

2. 客户服务智慧化提升类

在优质服务环节通过"机器代人"实现客户诉求智能化应答、信息化分派和全景化展示，使客户诉求响应更迅速、处置更高效、风险更可控，客户用电获得感和满意度不断增强，满足客户诉求全流程闭环管控。

（1）**"机器代人"应用场景和需求分析**。需求包括实现"机器人智能答复""人工客服远程处理""故障抢修实时派单"，用电诉求得到"秒级"响应。规范供电服务微信群服务流程，提升现场业务协同能力、宣传触达能力。整合服务资源，强化基层赋能，客户诉求实现 100% 闭环响应。规范服务最后一公里，推动服务效率和客户体验持续提升。

（2）**"机器代人"模型**。借助大数据、人工智能等新技术，在供电服务微信群中构建点对面服务模式，通过AI语义识别等方式检测由客户提出的诉求，简单咨询应用知识库自动应答，复杂需求发送小程序形成工单流转，敏感字眼预警提示客户经理人工介入。基于语音识别、语义理解等技术，构建智能机器人和知识图谱，为应用系统等提供智能座席、语音播报、智能外呼、智能质检、知识共享、在线交互等客户服务，形成客户服务智慧化提升类"机器代人"模型。

（3）自动化工具和人工智能技术应用。一是在微信群中引入小程序，客户在微信群中提及故障报修等关键词时，电力e管家自动回复"诉求响应"小程序，支持语音、视频、图片等方式一键提交诉求，客户经理通过移动终端接单处理，有效缩短客户故障报修响应时长。二是以DeepQA人工智能AI语义识别技术为基础，提取数十万条95598工单构建智能应答知识库，进行上万次语义识别训练，涵盖常见业务问答场景1700余项，实现简单重复问题电力e管家自动应答。三是应用微服务引擎（CSE）在河北公司管理信息大区、互联网大区部署隔离装置，实现互联网应用与电网中台、供指系统信息安全交互。供指推送的停电信息，系统会自动匹配对应的微信群，工作人员审核无误后点击发布，停电信息可自动推送到停电涉及的微信群。四是建立关键词预警功能，客户经理无需实时刷新微信群信息，电力e管家可自动提醒，通过点对点的方式，把微信群内客户发言内容、群名称、时间等相关信息，发送给群所属客户经理，实现智能高效的用电信息提醒。

3. 人工智能服务化提升类

近年来，公司各部门、单位在运系统使用率一直处于较高的水平，与此同时，企业业务量的提升加大了业务环节和处理的复杂程度。而RPA+AI作为新一代智能化流程应用，功能可遍及电网行业各个运营流程和专业，并确保运营操作的准确率，降低人为出错的可能，大幅提升工作效能。引入RPA智控机器人技术研发适用于电力行业的"机器代人"，配比数字赋能班组，能够优化各专业作业和管理模式，推动公司生产经营工作效率变革。

（1）"机器代人"应用场景和需求分析。RPA应用涉及公司各专业条线、各组织层级，点多面广，通过深入分析、统筹规划。围绕设备运维、客户服务、安全管控、经营管理等方向，聚焦频繁重复类、流程繁琐类、复杂决策类等业务，典型应用场景和需求如下：

1）设备运维方面，基于OMS、PMS等系统，开展流程机器人场景建设，提升设备运行、检修等业务水平。操作智能方向，建设PMS基础台账批量维护、线路切改、退运台账整改等场景，实现设备台账信息自动维护，减轻基层系统操作负担；数据智能方向，建设台区低过电压、台区重过载异常事件日报等场景，实现生产运行基础数据自动筛查，提高异动处理能力。

2）安全管控方面，基于 D5000、信通一体化、安监等系统，开展流程机器人场景建设，提升现场作业管理、安全管控等业务水平。操作智能方向，建设网络安全巡检、I6000 自动巡检及自动分派等场景，实现安全运行信息自动处理，提高网络安全运维效率；数据智能方向，建设通信管理告警数据统计分析、营销安全管控报表等场景，实现生产运行基础数据自动筛查，提高业务异动监测能力。

3）客户服务方面，基于营销业务应用、用电信息采集、95598 等系统，开展流程机器人场景建设，提升业务报装、电费催缴、配电抢修等业务水平。操作智能方向，建设营配贯通异常处理、采集异常自动补招等场景，实现供电异常信息自动汇集，辅助供电质量快速提升；数据智能方向，建设重点企业用电量统计、终端频繁停电统计等场景，及时掌握客户用电信息，支撑供电服务水平进一步提升。

4）经营管理方面，基于 ERP、财务管控、物资调配、规划计划等系统，开展流程机器人场景建设，提升发展规划、财务管理、供应链管理、投资统计等业务水平。操作智能方向，建设用电客户月度电量电费汇总、商旅报销单处理等场景，提高财务报销、电费结算等业务处理效率；数据智能方向，建设财务未清项数据统计、物资电商化采购月报等场景，提高经营状况统计分析水平。

（2）"机器代人"模型。通过设计、开发的流程机器人（RPA）专业场景形成 RPA"机器代人"模型，能够模拟业务人员鼠标、键盘操作，可以处理文本、图片等场景的自动化流程，如文字自动审核、合同信息提取、报表结构化数据提取、系统数据批量录入等，替代基层员工完成批量、重复、繁琐的计算机操作和逻辑判断。

（3）自动化工具和人工智能技术应用。RPA 采用管理和通用服务化组件支撑业务流程半自动化/全自动化作业，通用组件由机器人设计器和执行器组成。流程机器人（RPA）组件采用总部及网省两级部署模式，应用场景可在总部和省侧进行成果发布和共享。管理和通用服务化组件包括可视化展示、应用共享、场景监测、需求收集、应用运行、数据调用、问题工单、场景分析、流程配置、流程调试、组件设计、组件执行、场景接入、组件调度等功能。同时 RPA 与国网公司"两库一平台"已实现服务集成，能够敏捷调用人脸识别、文字识别（OCR）、语音识别、自然语音处理、知识图谱等人工智能服务功能，为探索 RPA+AI 的融合技术提供运营支撑。

（三）工作成效

2023 年，圆满完成 17 项公司"机器代人"重点工作任务，超前建成 103 项 RPA 数字员工应用场景，基本实现人力从"机械性"高重复工作向"创造性"高价值工作的转变；"一键顺控""无人机 AI 自主缺陷识别"等技术推动传统专业管理模式和工作习惯数字化转型；"开关柜搬运就位机器人项目"列入河北公司基建重点机械化代人创新研发项目，在公司"金点子"青创赛中获得金奖。

第二篇　电网高质量发展

当前，"四个革命、一个合作"能源安全新战略正加快实施，我国做出力争 2030 年前二氧化碳排放达峰、2060 年前实现碳中和的国际承诺，提出要构建以新能源为主体的新型电力系统，能源电力发展面临保障持续稳定供应和加快清洁低碳转型的双重挑战，公司必须全面提升电网的资源配置能力、系统平衡能力和清洁能源消纳能力，有效满足清洁能源大规模并网、分布式能源便捷接入和多元化互动化需求快速增长的需要。

第六章　坚强主网

一、目标思路

坚持问题导向，科学规划布局。经反复技术研究和论证，探索形成以"中心＋四角"为主框架的市区 220 千伏电网布局方案。对此，牢牢把握河北省与国网公司高层会谈契机，积极向河北公司争取规划投资，计划五年内建成双"1+4"9 座变电站工程，即在 220 千伏侧，打造以 220 千伏解放站（担负中央商务区供电）为中心，东南国际站、西南红旗站、西北北苑站、东北石钢站为四角的大"1+4"格局。在 110 千伏侧，建设 220 千伏红旗变电站、110 千伏荷园、裕翔、贾村、循环 5 座变电站（均位于我市经济发达的东部、南部区域，220 千伏红旗同时包含在大小"1+4"工程中），作为城区大"1+4"工程的容量承接区和技术先行区。变电站建成后，城区主网架结构将进一步优化，解决市区核心区供电紧张问题。

坚持协同攻坚，加速站址落地。为保证"1+4"工程布点快速落地，石供从内外两个方面入手，持续协同攻坚，为市区"1+4"布点落地保驾护航。对内，本着重心前移、高效协同的原则，建立供电企业内部专业"大前期"机制，集中力量攻克市区"1+4"规划设计、手续跑办等难题。对外，紧紧依靠政府，健全政企合作专班模式，促请市政府成立由常务副市长亲自挂帅，包括市自规局等 15 个市直部门领导在内的"推进主城区'1+4'变电站建设专班"，通过协调会、推进会解决工程建设难题。将市区"1+4"电网建设已纳入石家庄市落实《河北省支持省会建设发展意见》，同步写进了市政府工作报告，为电网高质量发展提供了强有力的政策支撑。

坚持"三个转变"，打造精品工程。突出高标定位，更新观念、技术和方式，以"1+4"项目作为先行示范区，合力打造契合城市品位的市区精品项目。转变设计理念，坚持"一工程一策划"和"一工程一主题"，逐项目制定个性化建设方案，使变电站建筑外观既简洁大气，又与周边环境相协调。推行"预制化＋装配式"和"全机械化"先进建设模式，极大提高建设进度和质量。

二、实施路径

（一）先签后建

结合国网公司"先签后建"工作要求，进一步深化、拓展，形成了"1+2+3""先签后建"深化实施方案，精准筛选出一批"电网有需求、政府给支持"的项目，确保工程早开工、早投产，最大程度发挥电网建设项目投资效益。

"1"成立一个电网建设领导小组。以属地政府为核心，联合工程所在乡镇、城建、规划、公安等部门，以及公司共同成立一个电网建设领导小组，统筹指挥建设事宜。

"2"是签订两份意向合作协议。项目立项前，与属地政府签署《电网工程建设合作协议》，约定由政府为变电站前期手续办理提供"一站式"服务。开工前，由属地政府召集线路过境的村、镇与占地户签订《线路塔基永久占地补偿协议》，并由政府在开工前将所有塔基占地协调及赔付到位。

"3"是采取三项保障性措施。开工前促请政府人员与电网建设人员联合勘查放线，再次确认重大障碍、塔基占地户明细等信息，确保相关费用由政府先行"代位赔偿"到位，开工后再由公司向政府支付；建设工程规划许可证等属地政府审批的工程手续由属地政府统一牵头办理，加快工程前期手续办理；变电站站址用地由属地政府提前收储，工程立项后直接划拨给供电公司。"1+2+3""先签后建"深化实施方案形成后，已在多个工程试点应用，其中新乐工业工程仅用时6个半月完成变电站和线路的全部建设任务，创造了石供110千伏输变电工程最短建设纪录。辛集西220千伏输变电工程开工3个月完成了97基线路基础浇筑，真正实现了"无障碍化"施工。

（二）110千伏裕翔综合示范站建设

1.创新变电站建筑设计理念，实现功能与美学共体

打破以往城市变电站单纯工业化设计的藩篱，对变电站进行立面美学设计与功能化设计，在兼顾美学的同时，最大限度考虑实用性和功能性，力求实现变电站功能与美学共体。一是创新对裕翔城市智慧变电站进行表皮美学设计，采用简洁、大气、完整的建筑形式、虚实结合的立面设计，使裕翔城市智慧变电站与建筑形式协调，同时以独特的外观设计凸显其标志性，使裕翔城市智慧变电站与周边建筑相符相融又独具特色。二是对裕翔城市智慧变电站从通风、降噪、散热、遮阳、防电磁辐射等方面进行功能设计。采用被动式节能设计理念，减少窗墙比，提高建筑保温隔热性能；利用建筑灰空间形成自然通风组织，形成烟囱效应，加强散热效果；采用新型防火吸声板，使厂界外区域达到"0类声"环境功能区；外墙采用铝镁锰金属墙板，实现电磁零辐射（见图6-1）。

图 6-1　裕翔城市智慧站表皮美学设计与功能设计共体

2. 探索"变电站＋"思路，开拓多站融合与能源互联发展新思维

在传统变电站的基础上，裕翔城市智慧变电站由传统供电业务向综合能源业务进行转变，兼顾能源供应、能源服务、能源管控、互动体验、科普展示、互动宣传等功能。一是裕翔城市智慧变电站以变电站为核心，在不增加规划变电站征地范围的基础上，打造国内首例集变电站、光伏发电站、风力发电站、储能站、5G 基站、数据中心站、电动汽车充电站、共享换电站、智慧体验厅（站）9 个站点功能于一身的城市智慧变电站。不仅最大限度地节约土地资源，提升了变电站经济效益、社会效益和生态效益。二是裕翔城市智慧变电站以电能为中心，灵活接入风、光、储、热多种能源，构建支持多能互补的"源—网—荷—储"协同控制区块，平抑风、光发电的随机性、间歇性，提高可再生能源的消纳能力。为实现对站内风、光、电、冷、热等能源的实时监测与智慧调度，裕翔城市智慧变电站设置了综合能源管控系统（CIEMS）（见图 6-2），CIEMS 采用云端＋本地方式部署。云端服务器设置在

图 6-2　综合能源管控系统（CIEMS）

互联网大区，通过对综合能源智能监控、智能调度、数据分析，提高能源利用率。利用 CIMES 对裕翔城市智慧变电站水、电、光、热、风等能源生产、消耗的情况进行全景式监测和统计分析，全方位呈现能源运行情况，为相关人员提供决策支撑。

3. 改变传统变电站封闭观念，树立开放、共享城市变电站新模式

一是裕翔城市智慧变电站采用开放式设计，取消变电站围墙，打造全开放式变电站，通过与周围环境充分融合，形成通透式空间，去除"工业化属性"增加与公众互动属性。站内智慧体验厅融合互动、科技、宣传、科普、展示等多种元素于一体，作为河北公司宣传展示窗口。侧墙设置玻璃展示窗，直观展示 10 千伏配电装置。站内设置观景平台和展示长廊，通过片墙宣传展板、3D 地面互动等方式，宣传电力企业文化，通过让公众更加了解电网。二是裕翔城市智慧变电站站内设置风光互补路灯，充分利用站内空间的同时丰富能源获取途径；站内设置电动汽车充电桩，为周边居民提供智能、便捷的电动汽车充电服务。站内设置共享 5G 基站、共享数据中心站、共享换电站，助力城市 5G 网络快速部署、社会数字化经济发展的同时，加速"新基建"战略在公司落地实施。站外设置智慧灯杆、太阳能遮阳伞、智慧健身步道等共享智慧基础设施，助力站外多元化功能挖掘。

4. 开展全过程 BIM 深化应用，推进变电站建设方式转变

一是裕翔城市智慧变电站在设计全过程应用 BIM 技术，建模精度达到厘米级，将周边的真实环境在三维设计平台中以实景点云的方式真实再现，精确还原站点周边环境，更好地了解现场条件，更早地发现潜在问题以降低后续施工返工风险（见图 6-3）。

图 6-3　应用三维实景建模技术，真实还原现场情况

二是在施工阶段利用 BIM 深化应用指导施工作业。成立 BIM 技术应用团队。组织业主、设计、施工三方人员成立联合 BIM 技术深化应用小组，同时引入业内经验丰富的 BIM 专业咨询服务公司作为外脑，为 BIM 技术在施工中深化应用奠定坚实的组织基础。将 BIM 模型与施工进度计划相链接，将空间信息与时间信息整合在一个可视的 4D（3D+Time）模型中，设置模拟动画，直观、精确地反映整个工程施工过程和虚拟形象进度。以 4D 模型为核心，模拟验证施工全过程工序逻辑关系的合理性，优化得出每日施工计划、物资供应计划和人员需求计划。利用 BIM 技术开展施工组织、施工工艺、施工场地布置进行模拟，开展三维碰撞检测，提前发现施工图纸、施工工序、施工工艺、施工场地布置中潜在问题并进行优化，并形成三维施工模型。施工前在三维模型中对重大施工方案进行模拟，对主变压器基础吊装运输、钢结构吊装、主变压器安装等重点环节进行三维模拟，验证方案的可行性及安全性，辅助进行方案的优化。对主要节点及复杂技术要点进行重点关注，保证吊装过程不对构件、建筑及人员安全造成损害。施工前对施工作业人员进行方案及技术可视化交底，方便施工人员快速理解和掌握施工过程的重点、难点，提高交底效率，保证安装精度，避免现场拆改情况发生，节省材料及人工成本。使用三维扫描技术采集现场数据、计算误差、输出工作报告。通过采集三维点云数据，将已完成的工程进度三维扫描数据存档，与 BIM 模型自动进行验收偏差对比，测量检查完成实体建筑与 BIM 模型的差异，确定是否符合施工验收标准要求，智能辅助进行质检验收。

（三）机械化、预制化施工

1. 建立机械化施工全过程管控机制

成立公司机械化提升领导小组和技术支撑团队，统一协调解决工作推进中遇到的问题，做好机械化施工推进过程中的技术支撑，确保全面推进输变电工程机械化施工取得实效。将机械化施工纳入参建单位合同管理，并将工程机械化实施情况纳入业主项目部综合评价，公司月度会通报相关情况。

2. 强化各级责任落实

建设部、项目管理中心深度参与可研设计，可研阶段制定机械化施工专题策划，从变电站选址、路径规划、压降风险、设备进场、费用估算等方面落实机械化施工技术要求。针对丘陵、山地等交通困难地区，综合考虑机械化施工装备进场和场地，会同环保水保评价单位同步编制预防预控措施，强化专项费用计列管理。督促评审单位开展机械化施工专题评审，在可研到初设移交时重点对可研机械化施工专题策划进行审查。在施工图设计阶段，组织设计单位严格落实施工图勘测设计深度规定要求，为机械化施工基础选型提供详实的地质资料。加强机械化施工实施管理，业主项目部组织开展现场踏勘复测，组织编制详细机械化施工技术方案，明确场地布置和作业流程等内容。开展全过程机械化施工评价，依据评价结果和合同条款，调整工程结算费用。

3. 加强机械化施工管理和技能人员的专业培训

组织施工单位以多种形式开展技能学习，加强管理人员和操作人员的专业培训。通过提高人员的水平来提升工作效率，保证施工项目的质量和机械设备的使用寿命。加强对机械设备操作人员的安全培训和考核，提高他们的安全责任意识和自我保护能力，使操作手中重要施工机械的人员在工作中规范化，真正实现安全生产。

4. 有序引入新装备

根据机械化率评价情况，依据国网公司机械化施工大会成果汇编，针对子工序形成新型装备采购和租赁清单。科学地制定拟引进的机械设备发展规划和购置计划，正确预测机械设备的市场使用场景，满足电力工程项目的施工要求，不盲目购置大型设备，考虑多种因素，避免因为施工场地、环保、操作等因素造成经济损失。开展新装备应用成效分析，推广应用功效高、适用性强的装备。同时，积极建立机械设备租赁机制，减少机械设备闲置。

5. 创新研发升级智能建造关键装备

推进四项"机器代人"课题取得新突破，在市区大 1+4 等工程落地实施。一是土压平衡盾构机。建立盾构技术力量，打造业主、监理、施工、设计全链条的盾构施工技术团队，为后续石家庄地区城市电力隧道建设做好储备。二是开关柜自动搬运就位机器人。与高校和智能装备制造厂家合作，研究具有路径自动规划、视觉识别、自动控制功能的智能装备，实现开关柜搬运和就位的自动化。三是隧道监控系统。隧道沉降变形监测系统和报警主机，完善区域监控中心数据分析和预警功能，形成更加完善的隧道施工数字生态网络。通过系统升级或整合，实现盾构施工全过程的智能化监控，助力盾构机安全顺利应用。四是无人机架空线路验收。在线路工程全面推广无人机验收，确保投运线路"零缺陷"，实现数字化移交。依托公司基建创新工作室，汇聚全专业智慧，探索更多机械化、智能化装备研发需求，积极申报职工技术创新、科技创新项目，逐步开展新型装备研发和迭代升级工作。

6. 打造全过程机械化施工示范工程

重点打造 4 项石供机械化施工示范工程。选取辛集西 220 千伏线路工程作为"平原地区线路流水化作业"示范工程和石供首个"螺旋锚基础应用"试点工程。选取市区解放、国际、北苑工程为"隧道盾构施工应用""变电站全过程机械化施工"及"电缆全过程智能化机械化施工"示范工程，研究通过 BIM 技术结合机械化施工形成全过程流水化机械作业新模式，并将自研和引入的"开关柜搬运就位机器人""三维放样机器人"等智能化前沿装备在工程落地应用。依托示范工程，定期组织观摩和宣传活动，不断提升公司机械化施工水平，掀起机械化施工热潮。

7. 组织施工单位建立健全机械设备管理制度

强化机械装备全寿命周期管理，设置明确的设备管理岗位，对机械装备的采购（租赁）、使用、检查、维护保养、更新换代建立完善的管理机制。采用现代信息技术手段来管理机械设备，引进工程项目管理软件，根据工程实际需要，合理安排机械进、出场，强化设备的维护保养，提高设备性能，保障高效使用。

（四）线路迁改涉电项目"一站式"服务

为推进石家庄"6+2+2"城市更新重点项目建设，助力经济社会新一轮高速发展，持续推动电网建设提质升级，本着"平等互利、相互支持、长期合作、共同发展"的原则，公司与城市发展投资集团签订涉电项目"一站式"服务。建立双方沟通协调机制。每年初，双方共同组织召开工作协调会议，互相通报近（远）期规划、网络布局、建设时序等方面信息；建立专人负责机制，依据各自职责范围，做好人员沟通对接；在项目建设实施过程中，根据各自建设需要组织召开工作协调会，加快项目审批和推进速度，创造良好建设环境。开通电力迁改绿色通道。涉及市城发投集团电力线路迁改，石供开通绿色通道，优先办理。迁改手续办理和流程串行改并行，在办理审批流程的同时，石供组织设计单位先行同步开展线路迁改初步方案设计，缩短整体迁改流程时间。提供设备租赁服务。针对市城发投集团项目实施过程中的施工临时用电，石供协助提供变压器租赁服务，确保施工用电快速接入，节省建设投资。打造业扩用电"交钥匙工程"。涉及市城发投集团的临时、正式用电，石家庄供电公司在申请受理、方案编制、审图、验收、送电各环节提供零跑办服务，打造"交钥匙工程"。保障施工和电力设施安全运行。市城发投集团及其下属公司在项目实施过程中要做好施工单位人员管控，避免施工过程中发生碰撞、挖掘电力设施情况。坚持"安全第一、预防为主"原则，加强电力安全宣传和培训，制定合理有效的危险应急预案。统筹做好架空线杆处置。市城发投集团应在片区开发、房屋建设、城市道路建设等项目前期阶段组织做好建设范围内架空电力线杆踏勘并足额列支迁改费用，避免道路建成后发生电杆占路情况，影响市民出行。

三、工作成效

2021 年，城区"1+4"电网建设纳入石家庄市落实《河北省支持省会建设发展意见》，首次写入市政府工作报告，"建设蓝图"正加速向"施工路线图"演进，220 千伏红旗站加快建设，石钢工程取得项目核准，国际、解放工程完成国网可研评审，小"1+4"工程加快实施，荷园、昆仑扩建等 9 项工程提前投产，新增线路 117 千米，容量 55 万千伏安，超额完成建设任务。裕翔城市智慧标杆站斩获 7 项国家级、省部级奖项，无极东工程获得省"安济杯"质量奖，建管水平进一步提升。

2022 年，促请市政府 21 次召开专题调度会，克服了重重困难，实现了城区"1+4"5 座 220 千伏变电站规划全部落地，市委市政府专门向国网公司致信感谢，国网公司主要领导回信感谢并对公司工作给予充分肯定，河北公司主要领导多次公开表扬，在省会电网建设发展史上具有里程碑意义。110 千伏裕翔城市智慧标杆站高标准投运，开启了装配式施工、模块化建设先河，为建设高品质市区变电站树立样板。在新乐、晋州两个 110 千伏项目创新"先签后建"前期工作模式，取得了事半功倍的好效果。循环、红旗工程分获第三届全国工程建设行业 BIM 大赛二、三等奖。

2023 年，大"1+4"电网工程首个 220 千伏红旗站成功投运，打破了主城区 18 年来没有新建 220 千伏变电站的困局。小"1+4"工程克服内外部多重困难，全部按期投运。首个"先签后建、代位赔偿"模式 110 千伏新乐工业工程，仅用时 6 个月实现工程投运，创造了公司同类工程最短纪录，树立了 110 千伏工程建设的样板。

第七章　高可靠配网

一、目标思路

配网建设好坏直接影响居民的用电感受。在河北公司的指导和支持下，石供发挥优势资源、把握发展机遇，攻坚克难，依托双"1+4"变电站建设契机，以城网供电可靠性提升为关键抓手，坚持系统观念、问题导向，以建设国际一流智慧城市配电网为目标，开展了城市配电网可靠性提升工作。

二、实施路径

一是建设市县两级"规建运"运转机制。深化公司"规建运"专班运营，明确公司 10 千伏及以下配电网规划、建设、运行、检修等全链条业务管理职责；在供配电中心完善"1+4"协作模式（设备主人 + 设计团队、规划人员、工程建设管理人员、带电作业人员业务协同），在县公司推广成立县级"规—建—运—检"一体化工作团队，主管局长牵头，各部门及供电所人员参与，做到基层单位的"规建运检"一体管控。以运促规引领电网规划，以运促建严把设备入网，实现问题诊断清晰、项目储备精准、工程建设高效、设备运维精益。在此过程中，培养一批配网复合型专家人才，同时真正落实"四级规划五级参与"要求，实现班组、供电所一线实际问题与规划建设闭环管控，可靠性管理呈现迭代升级态势。

二是构建"133"可靠性管理提升体系，推进配网管理模式转型。依托供电服务指挥中心，建成国网公司地市公司层面首家供电可靠性管理中心，纵向建立"市—县—供电所（班组）"三级供电可靠性工作网络，横向深度融合专业管理，实施可靠性数据治理保障、可靠性预算式管控和专业工作成效分析。依托供电可靠性多维分析与在线评估平台，完善"事前精准评估—事中实时监测—事后效益评价"全过程管理机制，实现配电网薄弱环节靶向提升、精益化管控。打造"目标导向—业务应用—绩效评价—技术及管理支撑"的闭环管控模式，实现"全过程管控、全专业协同、全业务评价"可靠性管理。

三是提升配网工程建设标准化。坚持设计阶段标准化，明确设计标准，实现五个确保（设计阶段不抄图、下户线接引不过载、下户线安装不打伞、表箱位置不暴晒、表后线路不杂乱）。推进施工工艺标准化，构建"机械化作业为主、人工作业为辅"的配电网施工模式，开展无人机展放导线施工，全面应用环网箱式变压器预制基础。打造作业现场标准化，推广配网工程标准化作业"六步法"(应用两个系统,进行三次勘察,制定四项计划,做到前期准备六到位,把控现场开工五个环节,一图三表施工作业)。推进带电取费"三前置两必须"(可研前置、勘察前置、计划前置,能带电必须带电、允许取费必须取费),复杂作业数量同比增加7倍,支撑省会国际一流配电网建设。

(一)抓好供电可靠性提升

1. 全面夯实可靠性管理机制

(1)加强供电可靠性管理体系建设。成立供电可靠性领导小组,负责协调各专业工作,监督与指导可靠性提升工作。

(2)建立可靠性综合考核评价体系。一是及时通报,依托供电服务指挥中心,建立配网停电计划审查机制,每周(月)通报各单位计划停电时户数执行、临时停电比例、重复计划停电、停电信息准确性、停电计划执行刚性等工作。二是督导约谈,市公司根据配网计划停电情况,对临时计划停电较多、重复计划停电、停电信息错误发布、停电信息遗漏不发布、停送电执行偏差较大的单位进行现场督查并通报,对于整改不力的单位约谈主管领导。三是完善奖励与考核评价,结合公司用户平均停电时间关键业绩指标、提质增效行动专项奖励要求,优化供电可靠性数据质量、配网计划重复停电、配网故障压降、配网不停电作业等工作的奖惩标准,促进可靠性提升行动落地见效。

2. 全面深化配网精益化管控

(1)加强可靠性过程管控。一是明确公司年度停电时户数预算式管控目标,按照河北公司供电可靠性每年提升15%要求,组织各单位完成供电可靠性三年滚动计划修编,明确时户数管控要求。二是合理分解停电时户数,按月度层层分解至市县公司,结合主网春(秋)检、年度施工检修项目计划安排、电网转供电能力、不停电作业能力等情况,各单位将预控目标按年度、月度分解,逐级落实到每一个专业、每一个基层单位。三是建立停电时户数动态拆借机制,按照"总目标不变、时户数银行、月度微调整"原则,建立县所停电时户数拆借机制,在停电时户数执行过程中,各单位间可以根据计划停电需求调整本月停电时户数目标值,调整值不能超过借出单位本月剩余总量的50%,严格执行《停电时户数调整申请表》,确保电网建设改造和月度预算目标。四是建立停电时户数预警机制,依托供电服务指挥中心,开展停电时户数动态跟踪、定期分析、超标预警、分级审批等工作,按周统计通报停电时户数消耗与余额情况，确保实现年度预控目标。五是建立供电可靠性提升督导推进机制，采取远程核查、随机抽查、现场调研、交流指导等工作方式，督察可靠性指标、信息数据质量提升措施落实情况，确保行动计划顺利实施，切实提升供电可靠性。

（2）加强主配计划统筹管理。一是建立完善停电计划"年统筹、月平衡、周分析、日管控"工作机制，统筹协调公司与用户、生产与建设、检修与业扩、上级与下级等停电需求，提升停电计划全过程管控水平。二是强化配网计划管控，以配网综合治理＋计划"任务池"为主线，梳理市县配网年度停电需求，统筹安排，做到"一停多用"，有效降低配网重复停电。三是在开展配电网建设改造项目需求提报、可研方案编制过程中，严格落实停电时户数管控要求，持续压降预安排停电时户数。坚持"能转必转、能带不停、先算后停、一停多用"，整合精简停电需求，提升停电计划执行率指标，减少用户重复停电。四是建立配网计划分级审批机制，按照停电范围、停电时长及计划重停次数，针对涉及漠视侵害群众利益检查通报、国家能源局检查通报企业负责人关键业绩指标的"超次数（2次）、超时长（12小时）、超百户（100户次）、超范围（300时户）、超安排（临时停电）、超预算（月度预算值）"的计划停电提级至市级公司，由市级公司主管领导批准。

（3）依托技术手段减少计划停电影响。一是完善计划停电审批流程，加强计划停电管控，制定加强配网不停电作业管理实施细则，积极参与业扩配套工程方案制定，配合完成营销与生产信息系统业扩全流程运转，业扩不停电接火率100%。二是提升配电网不停电作业能力，加快不停电作业人才队伍建设。重视配网不停电作业队伍建设，增加作业人员数量，推行配电网不停电作业外包服务，建立集体企业不停电作业"第二梯队"。三是综合运用"发电＋带电"技术，逐项配网工程制定不停电施工方案，通过负荷转供、发电接入、临近架空线路带电搭接等技术手段，实现负荷倒供，确保停电方案最优、影响时户数最小，满足配网应急保障供电、重要负荷保供电需要，提高用户供电可靠性。

（4）提升运维管理水平。一是强化配网运维管理，通过项目实施和线路综合检修，开展频繁跳闸线路治理。二是提升配网线路通道巡视质量，加大线路通道及施工频繁区域巡视、监控，开展差异化运维管控，重点开展鸟害、外破、树障、渗漏、凝露治理，有效提升设备运维巡视工作质量。三是针对设备本体故障比例偏高，进一步加大配网设备年检、综合检修力度，提升设备整体健康水平。**四是**加强重点部位巡视，采取防雷措施，提高应对恶劣天气水平，依托供电服务指挥系统，全面加强配电网运行监测，开展配电设备运行分析，建立"一个故障、多维度分析、先措施、后工程、闭环监督"的标准化运行专题分析机制。**五是**加强用户侧管理，加大对用户线路和设备的巡视、督导工作力度，及时下达隐患告知书，消除故障隐患，并开展用户分界开关保护校核和用户侧故障隔离措施专项整治工作。**六是**提升自动化实用化水平、完善故障检测和预警、研判手段，加强对查无原因恢复送电故障的管控。**七是**加快配网自动化建设进程，推进一二次融合开关、二遥故障指示器、台区智能融合终端的建设和应用，研讨并出台公司配电线路开关保护定值整定原则，明确馈线自动化策略，充分发挥配电自动化准确快速切除故障，快速恢复非故障段供电的效用，切实提升供电可靠性。

3. 全面推动电网高质量发展

（1）优化配电网络结构。一是以优化变电站分区为基础，增加变电站布点，每个变电站考虑与周边变电站形成站间联络。形成架空电网三分段适度联络，电缆网单环网、双环网结构，相邻变电站之间形成有效联络的目标网架。降低用户故障停电时间，提高配网混合线路互联率、绝缘化率、"$N-1$"比例和电缆网环网率，增强负荷转（互）供能力，进一步完善配网网络结构、潮流优化能力。**二是**全面应用配电网工程典型设计，推广配网工程建设工厂化预制、成套化配送，带动整体工艺实现"一模一样"，以工厂化的统一工艺实现工程质量巨大提升。按照"导线一次选定、廊道一次到位、土建一次建成"的原则，确定技术方案，争取达到建设改造"一步到位"，确保设备设施10年内不改造、20年内不更换。**三是**提高配电网建设质量，做好项目资金保障，统筹公司成本、基建、技改、大修等资金，优先安排突出问题建设改造项目，做好建设改造成效分析，提升项目投资精准度。到2023年，城网10千伏线路 $N-1$ 通过率提升16.9%，农网10千伏线路 $N-1$ 通过率提升30%，城网线路绝缘化率达到100%、农网线路绝缘化率达到50%，消除10千伏配变、线路过载。

（2）加强配网建设改造项目管理。一是设备质量管理基础，加强横向协同，开展联合抽检。联合运维检修部开展金属专项质量监督，开展优质设备专项抽检，针对特殊要求值进行专项检测，引导培育优质供应商。**二是**加快新技术、新工艺、新材料、新设备的普及程度，按照"安全可靠、坚固耐用、标准统一、通用互换"的原则，开展设备装配图纸及标准化定制工作，满足设备的绝缘化、免维护化和标准化，打造技术成熟、性能优良、质量可靠、全寿命周期低故障率的配电设备，实现配电网设备技术先进、节能环保、环境友好，提升设备一体化、智能化水平，使配电网供电可靠性有坚强的硬件设备作支撑。**三是**强化设备本质安全，通过配网问题导向指导设备升级改造项目储备，制定重过载治理、老旧设备改造等差异化改造提升方案，有针对性地解决重过载、设备老化、故障率高等问题，加强配电网设备故障穿透性分析，做好设备故障解体试验。**四是**推进配网设备提档升级，对配网运行老旧线路及配变进行改造，开展老旧居民小区低压设备治理，局部供电能力不足问题得到有效缓解。

（二）实施片区改造

1. 建设"一个中心"，强化专业管控能力

依托石供三年数据治理优势，发挥供服指挥中心管控作用，成立国网地市公司层面首家可靠性管理中心，纵向建立"市—县—供电所（班组）"三级供电可靠性工作网络，横向深度融合专业管理，实施可靠性数据治理保障、可靠性预算式管控和专业工作成效分析，将专业管理质效与可靠性提升贡献挂钩，提高专业管理精益化、项目治理靶向化水平。

2. 完善"三项机制"，推进管理模式转型

依托供电可靠性多维分析与在线评估平台，完善"停电时户数、可靠性实施监测与评估、市县两级规建运"机制，构建"目标导向—业务应用—绩效评价—技术及管理支撑"的闭环管控模式，实现"全过程管控、全专业协同、全业务评价"可靠性管理。

一是完善时户数预算式管控机制。结合各单位生产计划、设备状况和装备应用等情况，按照管理层级将时户数预算指标分解到县公司（中心）—供电所（班组），按时间维度分解至季度、月度，强化刚性执行和溯源治理。

二是完善可靠性实时监测与评价机制。建立可靠性"日跟踪、周管控、月分析"机制，实时统计通报停电时户数消耗结余，逐单位开展可靠性综合分析诊断，强化可靠性定期分析评价，实现停电时户数动态跟踪、超标预警、分级审批。

三是完善市县两级"规建运"运转机制。深化市公司"规建运"专班运营，明确公司10千伏及以下配电网规划、建设、运行、检修等全链条业务管理职责；在供配电中心完善"1+4"协作模式（设备主人＋"设计团队、规划

人员、工程建设管理人员、带电作业人员"业务协同），在县公司推广成立县级"规—建—运—检"一体化工作团队，主管局长牵头，各部门及供电所人员参与，做到基层单位的"规建运检"一体管控。以运促规引领电网规划，以运促建严把设备入网，实现问题诊断清晰、项目储备精准、工程建设高效、设备运维精益。在此过程中培养一批配网复合型专家人才，同时真正落实"四级规划五级参与"要求，实现班组、供电所一线实际问题与规划建设闭环管控，可靠性管理呈现迭代升级态势。

3. 落实"三个任务"，整合资源精准治理

一是开展网架提升专项行动。坚持"先算再投，成片改造"，实现资金投入有的放矢。城网方面，持续开展国际一流城市配电网建设，持续推进双"1+4"主网工程落地，锚定"1+9+20"（"1"是建成一环核心区"电网检修零感知"；"9"是2025年底完成市区9个配网示范区建设；"20"是2027年底完成市区周边20个配网提升区建设）配网建设路径，完成一环核心区配网基建工程建设，可靠性成片监测同步启动。县域方面，拟订"4333"（聚焦供电能力、网架结构、装备水平、专项短板4类指标，将县域划分为3档3区，分2024、2025年和2026~2027年3个阶段完成电网提升建设）分时分片改造方案，诊断报告和时序图、时序表已初步完成。县域4批28片薄弱片区管理、指标、治本措施逐项落实。在恶劣天气中，城区"1+3"片区252条线、县域28片薄弱片区103条线路全部实现零故障，治理成效明显。

二是开展设备治理提升专项行动。固化运检机制模式，"二十四节气"任务到点启动，"立冬清树障、惊蛰治鸟害、小满启夜巡"等措施压茬推进。精益化巡检图册发布执行，"8+6"综检标准（针对频跳线路治理，细化8项任务清单，固化综合检修6类必备作业内容）全面推广，"4+2+1"（4个技防措施+2个管理措施+1个安全措施）防鸟措施实践完善，缺陷管控线上流转，多措并举实现降跳闸。优化一停多用管控机制，坚持"先算后停、动态统筹"原则，搭建多专业多部门计划停电平衡和主配低（涵盖220、110、35、10、0.4千伏全电压等级统筹）协同审核机制，压减停电时间。强化带电作业全量介入，实施"中心化运转、专业化统筹、规范化管控、网格化互济、属地化自主、标准化作业、计件化绩效（依据作业次数落实奖金绩效）"的"七化管理"思路，逐条停电计划落实"三前置，两必须"（勘察前置、可研前置、计划前置；能带电必须带电，能取费必须取费），市公司设备部提级审核市区超200、县域超300时户数停电作业，杜绝低效停电和受累停电，复杂类作业增长近 8 倍，压降时户数超 10 万。深化综合检修质效，按照"定任务、明标准、抓落实"三步法强化综检管控，全链条跟踪把控综检质效，确保"修必修好"。

三是开展新技术深化专项行动。可靠性监测技术突出实时化、精细化。自主研发供电可靠性实时监测与在线评估平台，实现供电可靠性自动统计、超前评估、预算管控、智能评价，形成集预测、监测、分析、管控为一体的供电可靠性线上闭环管理。配电自动化技术突出专业化、实用化。坚持"摸底账、定措施、抓落实"的配自工作方法，强化"一二次协同、逢停必改"工作原则，锚定主站功能升级完善、配自终端消缺迁移、分级保护合理配置、管理机制协同配合四方面重点任务持续发力。打好市区配自改造攻坚战，随"1+3"（一环核心区、循环、东郊、红旗塔坛）电网成片改造，同步完善配自部署。打赢县域终端消缺歼灭战，明确"调试设备必须预置，保护定值必须配置，安装终端必须在线"的要求。完善配网站内外保护配置原则，推动变电站出口定值开放，加快分级保护配置和标准化线路改造，压降超千户停电故障。单户停电管控技术突出精细化、透明化。"1~400 户"时清时结首家上线，实现单户及以上全量停电处置线上流转、自动统计、主动预警。事件归集到台区，统计细化到网格，实现频停用户自动亮灯、措施执行自动"灭灯"、治理达标自动"摘灯"，管控成效一目了然。

（三）打造国际一流城市配电网

1. 规划先行

借鉴先进城市配网建设经验，吸收先进成熟技术，充分结合石家庄城区控制性详细规划的用电负荷特性，按照"网格化规划、模块化建设"思路，将城区划分为 25 个网格、114 个供电单元，从网架结构、供电能力、设备水平、配电自动化、配网通信、电缆通道等 6 个方面开展精细诊断、精益规划、精准投资。

2. 优选一流设备

结合设备侧负面清单梳理及配网设备透明化改造要求，实施"故障设备、问题设施、关键配自节点、用户隐患、通信网络"5 类矛盾突出问题治理，开展"智能融合终端覆盖、智慧配电站房建设、城市生命线全透明改造"3 类配网感知能力提升，确保标准、优质、先进设备在提升区应用。

3. 应用一流技术

坚持先进技术引领，一是减少用户停电感知，开展"应急电源不停电接入、低压遥控及自投、分区线路合环倒供"3 方面 12 项技术研究；二是缩短用户停电时长，开展"电缆线路故障定位、一键顺控负荷转移、全自动馈线自动化"3 方面 5 项手段提升；三是提升工程质效，开展"城市配网施工转型升级、开关柜航插改造、联络开关计量功能完善"3 方面 7 项专题研究；四是增强建设运维能力，配足配齐 3 类 16 种技术装备。

4. 强化一流管理

全面梳理"规划、建设、运维、检修"全流程管理流程，建立并完善城区配电网规划建设、运维监控、检修应急、自动化、继电保护、信息通讯、政企合作、"规、建、运"一体化 8 方面 18 项机制，确保经验可推广、模式可复制、机制可持续，做到"谋得好、建得好、用得好"。

5. 打造一流服务

巩固高压业扩流程试点举措实施，坚持开展超前主动服务，营销、发展、设备等多专业、多渠道获取项目信息，统一纳入意向库、储备库、项目库，一户一案、分级管控。依托阳光业扩管控平台，客户经理超前对接需求，多专业联合服务，提前安排配套电网工程计划，主动服务全程线上流转。建立分级"项目长"机制，全面推广"受理即答复、答复即开工、随工云验收、带电等客户"标杆式服务流程。巩固"刷脸办""一证办"应用成果，电子营业执照、不动产权证等数据扩展至增容、过户等应用场景，争取线上、线下实现公安可信身份认证，升级"零证办"服务。整合"过户＋改类""销户＋退费"等 6 类高频变更类业务需求，精简业务资料、流程环节，实现客户视角"多件事、一次办"。构建网格化应急发电圈，建立发电车应急队伍 24 小时值班制度，7 类敏感用户故障停电后第一时间开赴现场，为用户提供应急供电服务，提升重大应急时期用电安全保障能力。

三、工作成效

2021 年，为解决市区西南、东部高新区域网架薄弱、设备破旧、频繁停电、感知能力弱、新增负荷受限等问题，以问题为导向，以"六个零"（零故障、零过载、零高损、零投诉、零意见、零受限）、可靠性 99.99% 为目标，开展"30+20"平方千米配网提升工程（见图 7-1），这一阶段的主要工作是设备的改造和升级，以及针对特定问题制定有效措施。

建设改造完成后，区域站间联络率由 44.7% 提升至 71.5%，线路 N–1 通过率由 43.1% 提升至 100%。线路联络率、隐患治理完成率、配电自动化覆盖

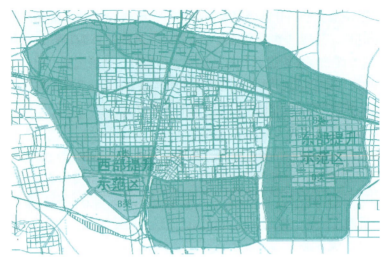

图 7-1 "30+20"提升区地理位置图

率、高损线路 / 台区治理率、高损耗配变治理完成率均达到 100%，配自标准化线路覆盖率超过 50%，供电可靠率由改造前 99.9684% 提升至 99.9901%。

2022 年，为满足区域大学、商业、医院、写字楼等用户高可靠性供电需求，围绕新投运 110 千伏裕翔站为中心打造高可靠性供电区域（见图 7-2）。

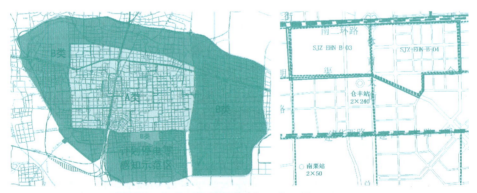

图 7-2 "计划停电零感知"示范区地理位置图

建设改造完成后，区域线路联络率、配电自动化覆盖率、HPLC 智能电表覆盖率、重点配电站所 / 电缆通道综合监控覆盖率均达到 100%。自投运以来，示范区零故障跳闸，月工单数量从改造前平均每月 10.7 个下降到全年 0 工单，供电可靠率由改造前 99.9984% 提升到 99.999%。

在裕翔"计划停电零感知"示范区建设阶段，石家庄城市配网可靠性提升工作开始形成多专业协同作战的模式。加强沟通与协作，实现了资源共享和优势互补。这种协同作战的模式不仅提高了工作效率，还确保了电网优化工作的顺利进行；建成了 4 组标准双环网，提高了电网的灵活性和可扩展性。同时，通过引入先进的自动化技术和管理手段，如配电自动化系统和智能监控等，实现了对电网的实时监测和控制，大大减少了故障停电的时间和影响范围，提高了电力供应的可靠性。

2023 年，以供电可靠性为抓手，从网架、设备、技术、管理四个方面对标先进，启动了一环 17 平方千米 "电网检修零感知" 核心区建设（见图 7-3）。用户年平均停电时间不超过 30 分钟，供电可靠率达 99.994%，达到国际先进水平，打造城市建成区电网改造升级样板。共计新建及改造架空线路 57.45 千米，电缆线路 104.59 千米，环网柜 67 座，554 个站房完成数字化改造，全部地下配电室实现实时监测。

图 7-3　一环核心示范区地理位置图

建设改造完成后，10 千伏联络率由 77.78% 提升至 96.46%，站间联络率由 67.17% 提升至 89.39%，N-1 通过率由 74.24% 提升至 93.10%，线路结构标准化率、配自标准化线路覆盖率均达 100%，月均工单由 214 条下降到 34 条，降工单成效明显，供电可靠率由 99.9748% 提升至 99.994%。

在一环核心示范区建设阶段，石家庄城市配网的优化提升工作迈向了更高的层次。这一阶段的主要特点是实现了 "主配协同、整片推进、规建运协同、一二次同步"的配电网规划建设新模式。以主网建设为基础，推动配网发展；系统考虑区域电网发展，整片区建设全面推进；同时将规划、建设、实施、运行和检修等环节紧密结合，形成了一体化的管理模式，实现了对电网全生命周期的高效管理。

第八章　服务新能源发展

党的二十大报告提出，积极稳妥推进碳达峰碳中和，完善能源消耗总量和强度调控，加快规划建设新型能源体系。碳达峰行动方案及"十四五"现代能源体系规划提出，到 2025 年，非化石能源的消费比重达到 20% 左右，2030 年达到 25% 左右。到 2030 年，单位国内生产总值二氧化碳排放比 2005 年下降 65% 以上，顺利实现 2030 年前碳达峰目标。2020 年，石家庄市能源消费总量为 3466 万吨标煤，单位 GDP 能耗 0.6429 吨标煤 / 万元。到 2025 年，能源消费总量控制在 3804 万吨标煤以内，单位 GDP 能耗降低至 0.5272 吨标煤 / 万元，较 2020 年下降 18%。到 2025 年，非化石能源消费比重达到 8% 以上，到 2030 年，非化石能源消费比重达到 12% 以上。到 2025 年，石家庄光伏、风电装机将达到 970 万千瓦，装机占比 47%，2030 年将达到 1300 万千瓦，装机占比有望突破 50%。将对现有电网造成极大冲击，电网形态、设备状态、控制系统等方面将会产生极大变革。电网调峰能力接近极限、电网设备问题日益突出、调控能力和策略不足、电网可开放容量不够、安全管理等问题还未有效解决。

一、探索建设新型电力系统

积极支持科学服务分布式光伏开发发展，全力推动能源清洁低碳转型，以"总体设计、试点先行、工程带动"为路径，逐步探索适应石家庄地区资源禀赋的新型电力系统建设路径，助力公司和电网高质量发展。

（一）目标思路

1. 建设框架

结合电网组成机构、形态特征将新型电力系统从物理结构上划分为"主网—配网—台区—用户"四个层级，依托能源数据平台、5G 通信技术、云边端层级协同调控技术、基于需求侧响应的负荷双向互动技术等，将新型电力系统从应用功能上设计为"D5000 主网统筹调度—配网主站协同互济—台区自治平衡—用户双向互动"多层级智慧能源架构（见图 8-1）。

各层级功能定位如下：

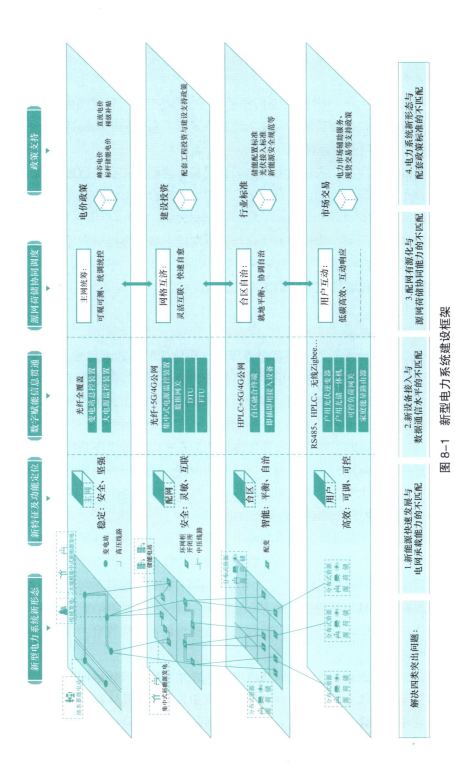

图 8-1 新型电力系统建设框架

主网调度层统筹，依托能源数据平台，设计源网荷储分层分级协同调度控制平台，通过电价政策支持，实现新型电力系统可观可测、统筹统控，保证系统安全稳定运行。

配网主站层互济，依托 5G 通信技术，通过网络建设政策措施保障，增容扩建配电网与通信基础设施，实现主站网格灵活互联，保证高渗透率分布式光伏接入下配电网安全运行。

台区边缘层自治，依托微电网、融合终端、物联网平台，通过技术与管理标准规范和引导，设计台区自治运行技术，实现台区自治功率平衡，减轻上层电网调控负担。

用户层双向互动，依托多能优化互补、电能市场交易与碳资源管理等多种服务模式，聚合商通过需求侧响应与负荷双向互动，实现用户侧削峰填谷、多能互补、高效利用与节能减排。

2. 任务路径

（1）基本原则。

高点站位，统筹发展。坚持世界眼光、国际视野、战略思维，与国家、省市重大战略部署、网省公司重要战略举措相衔接。充分考虑石家庄电网现状，立足长远、统一规划、统一管理，充分继承已有规划成果，统筹推进各项建设任务。

多元低碳，资源节约。将发展新能源作为石家庄能源供应结构的主攻方向，促进新能源就地开发、就地生产、就地消费；优化能源消费结构，大力推进电采暖、绿色交通、生产生活电气化；推进能源梯级利用、循环利用和资源综合利用，提高能源利用效率。

技术驱动，实用实效。加大新型电力系统规划、新型柔性配电装备、能源互联网示范等技术攻关。以新一代调度技术为抓手，推动多种能源形态横向协同转化，"源—网—荷—储"纵向协调发展；促进能源技术与"大云物移智链"等现代信息技术融合发展，充分运用互联网新技术推动能源基础设施提档升级；深化平台功能应用，挖掘能源数据价值，面向政府、企业、居民提供多元化服务。

政企协同，统筹推进。按照政府推动、企业主导、市场运作思路，加强能源转型与经济社会发展相协调，促请政府相关部门创新体制机制，发挥政府在制度建设、政策保障、重大工程等方面的引导和推动作用；遵循市场规律、能源行业发展规律，充分发挥市场调节能力，激发市场主体参与新型电力系统建设的积极性。

示范先行，远近结合。推动战略性、创新性、前瞻性示范项目在正定、鹿泉等试点试验，打造技术领先、模式创新的综合示范区；在特色示范的基础上，将成功的项目经验和服务经验在各区县进行复制推广。充分认识能源转型与低碳发展工作的复杂性、长期性，优化布局近、中、远期建设任务，做到科学前瞻、分段施策、重点突出。

（2）建设目标。

根据国家、地方、国网公司关于"双碳"目标和构建以新能源占比逐渐提高的新型电力系统相关部署，结合石家庄经济社会与能源电力发展实际，分阶段实施新型电力系统建设方案（2022年完成示范项目建设，2023~2024年全面推广应用示范成果，2025年阶段性建成新型电力系统），支撑石家庄能源转型与低碳绿色发展。

2022年完成正定、平山等试点建设。建成正定县级新型电力系统示范区；建设平山北庄村零碳绿电、营里兆瓦级、西柏坡百兆瓦级示范工程，实现微网系统的并离网无感切换。

2023~2024年示范项目建设成果全面推广应用。建成平山蹚马村台区微电网并开展应用推广，谋划建设藁城、平山等一批台区微电网迭代升级项目。开展平山营里兆瓦级新型电力系统应用推广，谋划建设灵寿花溪谷、赞皇嶂石岩新型电力系统示范工程。建成正定新型电力系统示范县，打造省级新型电力系统综合示范和县级近零碳新型电力系统示范样板。

2025年完成新型电力系统阶段性建设任务。配套技术标准、运行规程、管理流程等升级完善，支撑石家庄能源转型与低碳绿色发展，能源系统的"经济性"与"低碳化"之间的矛盾得到有效化解。

（二）示范工程

1. 平山营里兆瓦级新型电力系统示范工程

平山营里乡，介于西柏坡、五台山旅游圣地之间，距河北省会石家庄115公里，属于深山区乡镇。乡委乡政府坚持把脱贫攻坚作为底线任务，2017年6月响应国家脱贫攻坚战略，建设扶贫光伏电站1.5兆瓦。

依托营里乡供电所地理位置，结合现有的网架结构，将5座300千瓦光伏电站拆分成2个630千瓦单元和1个300千瓦单元并网；新建一组1兆瓦/2兆瓦时储能系统和两台630千瓦构网型逆变器组成两台光储一体化发电机，每台光储一体化发电机系统包含 2 个 300 千瓦光伏单元、1 套 500 千瓦 /1000 千瓦时锂电池储能以及一台 630 千瓦构网型逆变器。

建设成效： 一是工程实现了末端配电网的互联与电网补强，精准进行补短板强弱项，优化电网网架结构，提升系统供电可靠性和电压合格率，每年线路年故障次数降低 90%，可减少停电时间约 30 小时。二是工程通过创新末端电网灵活组网方式，大幅降低电网投资，提升分布式光伏发电效率，解决了电网联系薄弱的边远地区光伏消纳困难等问题，示范工程较常规工程节省投资约 50%，增加扶贫光伏收益约 42 余万元，可有效降低全社会能源获得成本。三是通过创新应用"光伏 + 储能"一体化控制技术，模拟传统发电机涉网特性，彻底解决光伏发电随机性、间歇性、波动性等问题。打造了与电网友好互动的 10 千伏分布式智能电网样板工程，强化了产业链融合，提升了人民群众获得感，为在更广泛地区推动电力系统转型发展，建设现代化电力基础设施，实现城乡同质化供电服务，助力乡村振兴等国家战略实施。

2. 平山北庄零碳绿电示范工程

北庄村现有配变容量为 1050 千伏安，随着政府大力发展北庄村文化旅游产业，此地区负荷增长较快，预计负荷将增长到 1000 千瓦以上，现有变压器容量已不能满足负荷增长的需要。政府加大北庄村光伏扶贫力度，每户安装光伏容量约为 10 千瓦，北庄村主村（含部分通家口户）为 97 户，光伏容量约为 970 千瓦，北庄村主村需要新增 1 台 630 千伏安配变，以满足北庄村家庭居民负荷和光伏上网需求。北庄微电网因地制宜利用屋顶分布式光伏资源，结合储能、电动汽车、电气化改造等资源，在满足本地能源可靠供应的同时，降低用能成本，支撑村镇绿色低碳转型，同时为乡村规模化发展分布式可再生资源提供实现途径，具有显著的建设成效。

一是有效解决了高渗透率分布式光伏接入薄弱末端电网带来的供电质量问题。建设分布式储能装置，有效平抑用户侧电压波动，减少分布式光伏电压抬升造成的脱网问题，保障了农户电压质量。二是提高末端电网供电可靠性。依托微电网无感并离网切换，有效提升了电网的柔性可控程度和供电可靠性，减少因末端线路故障引发的停电问题，实现停电零感知，最大程度保障农户电力供应，大幅节约保电成本。三是提高能源消费电能替代比重。通过居民取暖、扶贫车间、农业大棚电气化改造、公共交通设施等领域电能替代，完成电能替代电量 5.96 万千瓦时，实现煤炭消费清零，电能占终端能源消费比重将提升至 60%。促进农村能源转型，形成清洁、安全、智能的新型能源消费方式。**四是**有效增加革命老区人民收入，助力政府打赢脱贫攻坚战。本项目建成投运后利用小时数经测算约为 1200 小时 / 年，可增加村民年收益约 36 万元，有效增加了人民收入，支持革命老区在新发展阶段巩固拓展脱贫攻坚成果。

3. 正定新型电力系统示范县

根据国家、地方关于"双碳"目标提出的一系列政策、规范，面对习总书记提出的新型电力系统清洁低碳、安全充裕、经济高效、供需协同、灵活智能五大特征，河北公司制定七个行动路径，石供聚焦"低碳、经济、安全"三方面矛盾，从发展规划、电网升级、新型调控、数字赋能、科技创新、功能转型、用能转型、政策支持、市场开拓、双碳路径十大重点工作方向开展正定新型电力系统建设，2023 年基本建成，2025 年全面建成。

正定新型电力系统建设内容涵盖调控、发展、设备、供服、互联网、营销 6 大专业、新能源潜力评估预测、电网承载能力分析等 20 个子项任务，涉及调度 D5000、配电网云主站等 6 套系统的新建改造及乡、村、城、区 4 个场景的实施落地，开发了正定新型电力系统 11 项重点系统功能，打造了一系列"光伏 + 新能源"典型场景（见图 8-2、图 8-3）。

通过正定新型电力系统的建设，总结提炼形成了一系列理论成果，包括论文 7 篇、专利 11 项和软著 4 篇，并组织编写流程管理 9 项、技术标准 11 项、工作经验 4 项和配套政策 9 项。首次提出四角六联络网架结构，构建多电压等级柔性互联网络，开创乡镇连片微网群、重要用户可靠供电微网群及轻资产微网等多场景微网；注重技术创新，首创跨时空源、网、荷、储分层分级协同调度控制、双"三态"配网仿真分析、高清遥感测算、能源网格、数字孪生等新型电力系统核心技术；持续要素创新，打造县级能源大数据中心、需求侧资源电碳协同管理系统，实现电力流、业务流、数据流、价值流的深度融合。正定新型电力系统建设取得的创新成果，为石家庄数智化坚强电网建设起到了先行示范作用。成功申报 2022 年的国网科技项目——需求侧电碳协同支撑分布式新能源消纳的响应策略和激励机制研究，是公司首个国网科技项目。经中国电工技术协会鉴定"高比例分布式光伏接入下有源配电网韧性技术研究与应用"为"项目整体处于国际领先水平"。其突破了新型配电系统"规建运营"各项关键技术，并完成了实践验证，为数智化坚强电网奠定坚实基础。

市场潜力	新能源潜力评估预测	→	利用航空航天遥感等技术，实现正定地区屋顶的识别以及屋顶光伏开发潜力的快速精准测算
分级承载力	电网承载能力分析	→	构建了基于最优潮流的"站—线—变"扩容改造最优策略，实现在线评估和在线规划
全景感知	调度全要素感知	→	从源网荷储四个层面优化感知装置，打通多系统数据接口，实现低压分布式光伏的全要素信息感知（含3个子项）
实时出力预测	光伏功率预测	→	开发了分布式光伏功率预测模块
设备运维	各级电网负荷预测	→	建立特征聚类与自适应最优组合预测模型，实现超短期、短期及中长期预测，支撑电网运行精准策
技术路线	五种技术路线	→	基于融合终端、互联网边缘代理、微网控制系统、能源控制器，调度5G直控模式，实现柔性调控（含9个子项）
主配协同	协调互动的统筹策略	→	建立"站、线、变、户"分层分级、"源、网、荷、储"协同控制的统筹调度策略
柔性互联	交直流柔性互联	→	建设110~0.4千伏柔性直流互联示范，实现区域功率互济，台区自治
电能质量	SVG电压质量	→	采用先进三电平高频调制等技术，解决了分布式光伏接入后产生的三相电流不平衡、谐波超标等电能质量问题
微网运行、储能	微网运行、储能	→	采用先进的嵌入式、大数据分析、能源存储与调度以及网络安全等技术，以确保系统的可靠运行和高效率
技术应用	数字孪生技术应用	→	在虚拟空间中完成对象的映射，在平行空间里通过孪生体实现对有源配电网运行状态的感知、预测、推演与优化等

图 8-2　正定新型电力系统 11 项重点系统功能

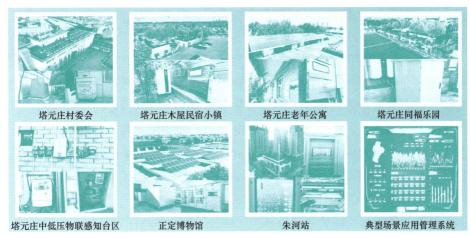

塔元庄村委会　　塔元庄木屋民宿小镇　　塔元庄老年公寓　　塔元庄同福乐园

塔元庄中低压物联感知台区　　正定博物馆　　朱河站　　典型场景应用管理系统

图 8-3　正定新型电力系统"光伏 + 新能源"典型场景

二、积极服务充电桩发展

（一）目标思路

随着产业与市场的加速发展，新能源汽车保有量迅猛攀升。截至 2023 年底，石家庄地区新能源汽车保有量达到 18.53 万辆，同比增长 72.73%，呈加速增长趋势，强有力带动了充电桩的配建。石供坚持"人民电业为人民"的宗旨，多措并举不断提升供电服务水平，全力支持电动汽车充电桩产业发展。

（二）实施路径

1. 建立对接机制

明确建设要求。对于新建居住区明确充电基础设施配建要求，确保固定车位按规定 100% 建设充电基础设施或预留安装条件，预留安装条件的应满足直接装表接电要求，防火分区要按照配建停车位 100% 建设充电基础设施进行设置；新建居住区充电基础设施建设安装条件包含合理配置变压器容量，将低压主干线、分支箱、低压分支线、集中表箱、电缆通道等设施一次性建设到位，线缆通道应建设至每一车位，车位距集中表箱线缆长度一般不超过 50 米；公共车位应同样具备直接装桩接电条件。

压实各方责任。落实街道办事处（乡、镇政府）、居委会（村委会）等基层管理机构责任，建立"一站式"协调推动和投诉处理机制，妥善解决小区居民充电难问题。由居委会（村委会）牵头，电力、物业服务企业等相关单位参与共同勘察会商判定是否符合安装条件。各县（市、区）人民政府及相关部门、街道办事处（乡、镇政府）、居委会（村委会）要将充电基础设施纳入居住区消防安全管理责任体系，加大监管力度。发现充电基础设施存在安全隐患的，应按照产权归属，及时通知充电基础设施运营单位或使用人，明确整改要求，责令限时整改。物业服务企业应按照合同约定认真履行物业管理相关责任义务，积极配合居住区充电基础设施建设安装。充电基础设施所有人及使用人是充电基础设施的第一责任人，应对充电基础设施进行定期维护保养，及时消除安全隐患，有效防止充电基础设施侵害他人合法权益。

2. 科学制定原则，完善电网规划

将石家庄规划区域分为两类区域，核心区包括桥西区、新华区、长安区、裕华区、高新区、正定新区；次核心区包括鹿泉区、藁城区、栾城区、正定县（不含正定新区、循环化工园区）、其他县市区。其中主城区力争实现50%以上的单位、园区和居民区配建公共充电设施，实现有序慢充为主、公共快充为辅、换电模式为补充的充电服务模式；乡镇重点区域覆盖快速充电设施，满足新能源汽车下乡需求；高速公路服务区公共快速充电设施覆盖率达到100%，实现快充为主、慢充为辅、换电模式为补充的高速公路和城际公共充电网络。

完善充电基础设施建设体系。结合市区总体规划和网格化规划等，开展市区地块单元内的充电需求指数分析（见图8-4）。根据地块充电需求测算结果，综合考虑地块单元内土地已使用、规划情况及现阶段充电设施建设情况等，评估充电设施待建规模，预留公共领域充电设施位置。在公共领域充电基础设施需求较高且土地资源紧张的区域建设直流、大功率集中式充电站；在需求密度较低区域应适时考虑建设条件，建设一定比例的交、直流充电桩或路边分散式充电桩。

开展差异化建设。各级党政机关、企事业单位等应结合本单位电动汽车配备更新计划及职工购买使用电动汽车需求，充分挖潜内部停车场资源，自主投资或联合充电设施建设运营企业投资，建设充电设施，推进单位内部充电设施建设；既有办公类建筑、大型商场、超市、公园、风景名胜区、交通枢纽及驻车换乘等的公共停车场应按照不低于10%车位比例配建公用充电设施，推进城市公用充电设施建设。对于公交、环卫、机场通勤等定点定线运行的公共服务领域电动汽车，应根据线路运营需求，优先在停车场站配建充换电设施，推进专用充电设施建设。

图 8-4　市区充电需求指数分布图

（三）推广有序充电，双网协同发展

建章立制，政策先行。 联合市发改委、住建局出台《关于印发〈石家庄市居住区电动汽车充电基础设施建设管理指南（暂行）〉的通知》，明确自用充电基础设施应具备有序充电功能并与居住区主体建筑同步建设验收；充电设施应接受电网调控，在必要时断开充电电源以保证居民生活用电，实现错峰充电。与石家庄市发改委联合印发《关于印发〈电动汽车智能有序充电技术规范〉的通知》，从充电设施建设、智能有序平台接入标准、已运充电设施改造等方面明确各方的责任及义务，做到新建充电设施应接尽接，已运充电设施应改尽改，为后续进一步深化电网与充换电场站的高效互动机制提供了政策支持。

刚柔互济，有序调控。 当前，河北用电信息采集系统具备远控停复电控制和柔性调控信息通信，并成熟应用。在此基础上，河北建立充电桩—台区（配变）、充电站—线路两级负荷反馈控制和全网平衡控制机制，提出"居民桩刚性调控"+"公共桩柔性调控"的技术路线。

公共桩柔性调控。 在公共充电桩内加装控制模块，建立两种通讯链路（功率控制模块+协议转换器+专变终端、功率控制模块+4G），功率控制模块接受有序充电平台调控指令，实现对公共充电桩充电功率的柔性控制。当线路负载率达到 80% 以上或者电网电力供应出现缺口或已执行需求侧管理措施时，开始对充电站进行柔性控制，调控区间为负载率超过 80% 的负荷值，根据实际负荷平均降低站内所有桩的功率，如果线路负载率持续升高或者供应缺口升级，则继续调控，调控负荷依旧为超过 80% 的部分。当所有桩功率降到 10% 时，线路负载率依旧持续升高，则对线路下的台区居民桩开始执行刚控策略。当线路负载率降低到 60% 以下（阈值可调整）或供应问题解除后开始恢复，优先对刚控设备进行恢复，再恢复柔控充电桩功率，根据负荷值未超过 80% 的部分，按比例恢复充电桩功率。

居民桩刚性调控。 由采集主站的指令经过集中器下发至电表，控制配变下全部或部分居民充电桩表内开关，实现刚性控制、有序充电。当台区负载率达到 80% 或者电网出现电力供应紧张时，优先将未充电的充电桩断开；当负载率达到 100% 或者电力供应出现缺口或已执行需求侧管理措施时，将正在充电的充电桩全部同时断电，优先保障居民生活用电。当台区负载率降到 60% 以下（阈值可调整）或电力供应问题消除后，开始恢复充电。先恢复刚性控制前正在充电的充电桩，再恢复未充电的充电桩。在执行调控方案前 10 分钟和结束调控后，通过网上国网站内信及短信的方式推送调控信息，告知客户调控情况。

系统联通，有序控制。 依托新一代用电信息采集系统"基座 + 微应用生态"的架构优势（见图 8-5），基于河北用电侧调度平台，建设智能有序充电

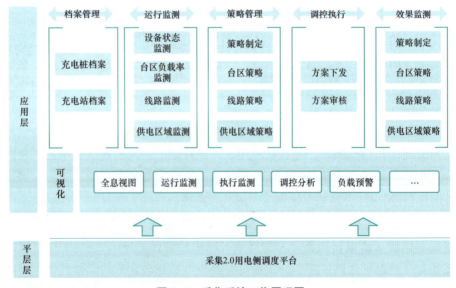

图 8-5　采集系统工作原理图

监控平台，实现对充电负荷的可测、可观、可控，平台包括档案管理、区域负荷监测、调控方案管理、调控效果监测等功能，结合公用线路及居民区配变负载，实现充电负荷的精准调控。档案管理：对充电站、充电桩等充电设施，按照"站—线—变—桩"进行层级明确、数据清晰的档案管理，实现充电桩资源多层级管理统计。负荷监测：对区域、线路、台区（配变）、充电设施负荷情况进行分层分级监测，同时对充电桩运行状态进行实时监测，精准掌控负荷和可调资源状态。调控方案管理：基于重过载规则或外部调控需求滚动研判发布调控预警，生成调控方案，并根据执行范围或等级进行调控指令审核，精准调节充电负荷。调控效果监测：跟踪调控过程，实时评估执行情况，执行结束后对调控效果进行数据统计及分析。

三、大力开展电能替代

（一）目标思路

在十四五期间，按照国家能源战略要求，广泛推广实施电能替代各类技术，推动电能替代与业扩报装业务深度融合，探索建立电能替代配套电网项目协同机制，深化替代技术标准、规范研究与应用，推进以合同能源管理方式实施电能替代，研究探索以市场化方式推进电能替代，积极争取全方位电能替代激励支持政策。市县供电公司是能效公共服务的实施主体，能效公共服务以供电服务为基础，拓展能效服务，推广能效理念、树立能效意识，具有普遍性、公益性等特征。主要面向高压和低压（住宅、店铺）客户，对高压客户开展线上线下协同的电能基础分析服务、综合能效诊断服务、服务质量评价等，对低压客户开展线上电能基础分析服务，引导客户按需选择公司或第三方市场化服务，推动全社会能效提升。能效服务流程见图8-6。

（二）实施路径

1.电能基础分析服务

（1）用电信息收集。加快推进营销业务应用系统、用电信息采集系统等现有平台与"网上国网"、省级平台的数据贯通，为电能能效账单分析提供数据支持。

（2）电能能效账单生成与推送。依托"网上国网"，利用客户电量、电费、负荷等基础数据，每月自动生成电能能效账单并推送至客户，为高压客

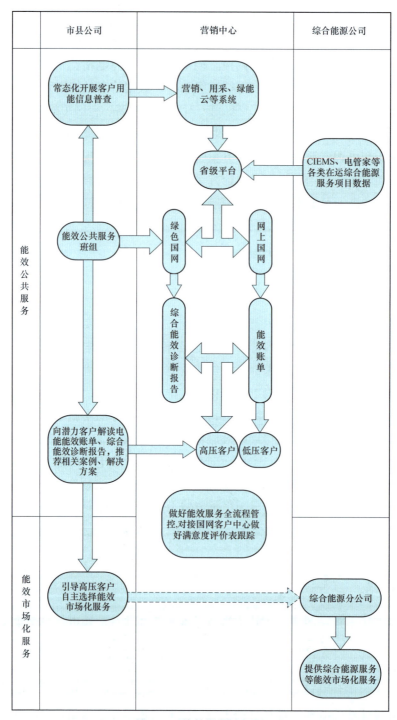

图 8-6　能效服务流程图

户提供电量电费、峰谷电量电费、力调电费、变压器损耗和负载等分析服务，提出用电优化建议。为低压客户提供阶梯余量、月度用电趋势、电费预测等分析服务，生成形象标签、提出节约电量电费建议，帮助客户优化用电行为，提高客户节能环保意识。

（3）电能能效账单解读。能效服务一线人员依托"网上国网"每月自动筛选电能能效账单，形成具有能效提升潜力的高压客户清单；结合日常业务向潜力客户解读电能能效账单，使用"绿色国网"和省级平台向客户展示相关案例、解决方案等，指导客户合理选择基本电费计收方案、优化峰谷用电方式、调整用电功率因数，引导其自主开展智能运维、市场化售电等能效提升服务。

2. 综合能效诊断服务

（1）用能信息收集。综合能源公司将智能代运维、能源监控、需求响应等各类在运项目的客户用能监测数据接入省级平台；能效服务一线人员在业扩报装、用电检查、市场开拓等日常供电服务工作中，开展用能信息普查，辅助客户将用能信息录入营销业务应用系统等相关平台，推送至省级平台；依托"绿能云"平台（省级能源大数据中心），将重点客户用能数据接入省级平台；推广、指导客户安装"绿色国网"后，利用信息交互功能，自主录入用能相关信息。

（2）综合能效诊断报告生成与推送。依托省级平台，利用收集的客户用能数据，开展用能结构、能耗水平等分析诊断，每季度自动生成综合能效诊断报告，由"绿色国网"推送至注册客户。

（3）综合能效诊断报告解读。能效服务一线人员依托省级平台每月自动筛选综合能效诊断报告，形成具有能效提升潜力的客户清单；结合日常业务向潜力客户现场解读综合能效诊断报告，使用"绿色国网"和省级平台向客户展示相关案例、解决方案等，引导其自主选择能源托管、冷热供应等能效市场化服务。

3. 开展服务质量评价

（1）满意度调查。"网上国网"和"绿色国网"分别向客户自动推送电能基础分析服务、综合能效诊断服务等满意度调查表，收集客户对于能效公共服务的评价和意见。

（2）服务回访。国网客服中心对评价结果为"不满意"或提出意见的客户将进行电话回访，根据客户意见形成意见整改单，并推送至省营销中心。

（3）整改跟踪。根据意见整改单，河北公司营销部组织相关单位整改完成后，国网客服中心引导客户填写整改评价表，完成对整改情况的评价。

4. 建设能效公共服务指标体系

（1）**落实能效服务机构人员**。初步形成能效服务体系，完成能效服务团队建设。

（2）**服务用户能效提升**。实现"网上国网"注册低压（住宅、店铺）客户电能能效账单全覆盖，高压客户电能能效账单覆盖率力争突破90%，通过"绿色国网"推送综合能效诊断报告服务客户能效服务满意度100%。

（3）**推进省级平台实用化**。实现能效管理、项目管理、智能运维、需求响应、能源生态圈等模块实用化，能效服务业务线上管控率100%，2025年实现全社会用能信息广泛接入，平台功能深化应用。

（4）**推动全社会能效提升**。有效提高清洁能源在一次能源中占比，降低单位GDP能耗，2024、2025年电能占终端能源消费比重分别提高3个、5个百分点。

5. 开展综合能源服务

综合能源智慧代运维作为目前综合能源服务的重要内容之一，通过智能化手段，对电力终端用户自主维护的电力设备实施全生命周期智能运维管理，对用户保障用电安全、降本增效具有重要意义。坚持以客户服务为中心的理念，提出综合能源智慧代运维"135"服务管理体系，即"一个智慧管控平台、三种个性化运营模式、五项保障举措"，全力推进"一体四翼"高质量发展。

（1）**搭建一个智慧管控平台**。秉承"共建共享、绿色发展"设计理念，面向政府机构、运营单位、用能企业等客户，打造智慧能源服务平台，让用户安全、经济、便捷用电。一是打造五大功能模块，打造数据监测系统、动环监测系统、运维管理系统、数据分析系统、移动运维服务App。二是实现企业节能减排分析、实时和累计用电量、电量电费分析、设备实时监控、故障定位、工单服务、短信提醒及App应用服务，进而实现设备异常精确判断、设备安全实时预警、科学指导现场运维工作，保障设备高效安全运行，助力客户精细化用能管理，实现节能增效、高质量发展。三是优化平台管控模式，平台实行统一运营、统一管控、统一技术，利用互联网技术对客户配电室远程24小时在线监管，应用"互联网+"业务形态，将"线上+线下"管控模式有效结合，全面开展设备带电巡检、预防性试验等线下工作。

（2）**打造三种个性化运营模式**。按照用户规模，将用户分为大型用户、普通用户、特殊用户三类，分别打造个性化运营运维模式。

1）**大型客户运营模式**。大户指高压电力用户电压等级10千伏及以上（10千伏以下可参考客户的服务需求），或运行容量在630千伏安及以上；或用户资产为一座配电室或箱式变压器及以上的用户。**一是**通过智能化手段，为客户提供配电室远程集中化值班、系统自动化监控、运行数据化分析、现场移动化巡检，实现"无人值班、少人值守"的新型配电运维服务。**二是**重点针对学校、政府、园区、商业综合体等集团化客户，以及35、110千伏等大型优质客户，提高市场拓展质量和效率，提升运维高度和服务维度，建立"一户一案"工作模式，统筹制订专属服务方案。

2）**普通用户运营模式。**针对石家庄地区10千伏及以上专用变压器用户，按"一清单 三结合"模式进行服务拓展。"一清单"，即建立智慧代运维潜力客户清单。对石家庄地区用户按用电容量、地址及设备年限等因素进行筛选，形成智慧代运维潜力客户清单；"三结合"，即"结合清单走访、结合用电检查、结合客户需求"。结合清单走访，通过客户走访，充分了解客户运维队伍组建情况及代运维需求。结合用电检查，通过用电检查，及时发现用户用电安全漏洞及用电不合规现象，针对问题为其提供专业化用电管理及运维合理化建议。结合客户需求，通过专业人员与客户一对一做业务合作洽谈，根据客户个性化需求，向客户开展智慧代运维服务推介，为客户解决问题，最终达成客户合作意向。

3）**特殊用户运营模式。**针对光伏发电、风力发电等新能源发电用户及其他具有专线线路运维需求的用户，可提供针对性光伏代运维及专线代运维服务，根据用户设备情况及需求，定制特殊用户智慧代运维服务方案，服务内容包括数据监测、能效分析、线路的维护保养和维修、设备定期清洁维护等（见图8-7）。

图8-7　为用户提供光伏代运维服务

（3）建立五项保障举措。

1）建立健全服务质量管控体系和服务监督体系。一是建立动态沟通机制。在服务全过程建立动态沟通机制，各辖区运维队伍人员及时加入微信等群聊，确保实时接收相关工作安排、服务信息及时反馈。二是建立动态回访机制。通过电话回访、客户走访、企业微信回访的"三访"活动，不定期开展客户满意度评价，保证客户服务满意率 90% 以上，降低客户流失率。三是建立服务监督机制。每月在营销月度例会上对运维工作进行汇总通报督办。四是费用发放公开透明。对智慧代运维费用做到"三公开"，即费用明细公开、付款票据公开、奖惩情况公开，每月发至工作微信群，逐一进行核实，确保费用发至运维人员手中。

2）建设专业化运维队伍。一是组建专业化柔性团队。完善组织架构，设置领导小组、工作小组，下设市场开拓组、合同签订组、监控中心、运行维护组、技术支持组、客户服务组六个专业小组，各专业横向协同融合，纵向分层级管控，提高工作效率及服务质量。二是明确各人员责任分工。领导层负责顶层设计，组织制定工作运营模式及各项规定，制定服务内容，建设服务品牌；各工作小组负责石家庄地区监控及运维工作、客户服务及回访工作、监控平台及后台技术支持等专业工作。三是强化专业化技能培训。开展对智慧代运维服务业务拓展、监控预警分析、现场运维、能效报告解读等业务技术专业培训班，每半年进行电管家全业务培训，提升整体服务质量和水平。

3）建立服务过程管控机制。一是建立客户服务反馈机制。客户通过扫描工作人员企业微信，添加专属运维客户服务人员，建立客户服务一对一工作小组，形成客户服务反馈机制，现场运维人员每次巡检时对设备拍照留存，并通过企业微信发送至客户侧；同时，每月定期将客户能效报告发送至客户；客户可随时通过企业微信反馈相关问题。通过健全客户反馈机制，完善监管服务过程，提升客户满意度。二是建立安全管控机制。各单位建立智慧代运维服务线下运维安全台账，对每个客户运维出现的安全问题逐一汇总，结合智慧能源服务平台中告警预警信息，出具安全分析报告，并主动告知客户，通过"线上＋线下"安全管控模式，形成闭环，消除客户设备安全隐患。同时，每年对运维人员进行安全规范培训及考试，考试合格者方能上岗服务工作。

4）完善评价考核机制。一是制定《智慧代运维服务质量考核评价细则》《石家庄智慧代运维服务实施细则》，严格落实规定要求，对石家庄地区智慧代运维用户的服务质量进行全面评价。二是结合走访，通过不定期走访客户，实地考察运维情况，月度跟踪及年度分析，改善提升运维服务质量。三是建立多维度评价体系，通过综合能源智慧代运维服务模式及服务内容项，细化各项服务的评价指标，按照时间维度制订月度、年度指标；按照空间维度制订村、乡镇、县域、市区等指标；按照质量维度制订电能质量、故障率、安全系数等指标；按照效益维度制订合同额、节能效益等指标，形成多维度评价指标表。

5）创新多元激励机制。一是与公司人资部沟通，制定《供电所业务拓展实施方案》，实现运维费用可直接发放至运维人员，增强工作积极性。二是制定"星级智慧服务管家"评选方案，规范服务内容、管理职责，明确评选标准及步骤，以各县公司为单位，按年度服务客户数量、客户满意度、故障处理率、巡检覆盖率、创新服务技术、客户能耗减少等方面指标，综合评选一、二、三星级管家，并给予精神奖励和一次性物质奖励，提高工作人员积极性、创新力，提升服务质量。三是构建按劳、按效分配的差异化激励机制。丰富薪酬管理、全员绩效管理制度，包括核定单位工资总额、企业负责人薪酬、员工绩效考核和薪酬分配，突出"多劳多得"，切实让服务质量与价值贡献双提升。

（4）工作成效。自 2021 年来，累计开拓智慧代运维客户 523 个，合同额累计 732.19 万元。随着国家电力体制改革和能源政策的不断推进，智慧代运维服务将与其他增值服务结合更加紧密。石供将持续强化优质运维服务，打造企业品牌，为客户后期能源改造及用电需求提供便捷、智能服务。